Impressum
Verlag: BABADADA GmbH, Nedderfeld 112 , 22529 Hamburg
Geschäftsführer / Verlagsleitung: Harald Hof
Druck: Books on Demand GmbH, In de Tarpen 42, 22848 Norderstedt

Imprint
Publisher: BABADADA GmbH, Nedderfeld 112 , 22529 Hamburg, Germany
Managing Director / Publishing direction: Harald Hof
Print: Books on Demand GmbH, In de Tarpen 42, 22848 Norderstedt

# de School

# school

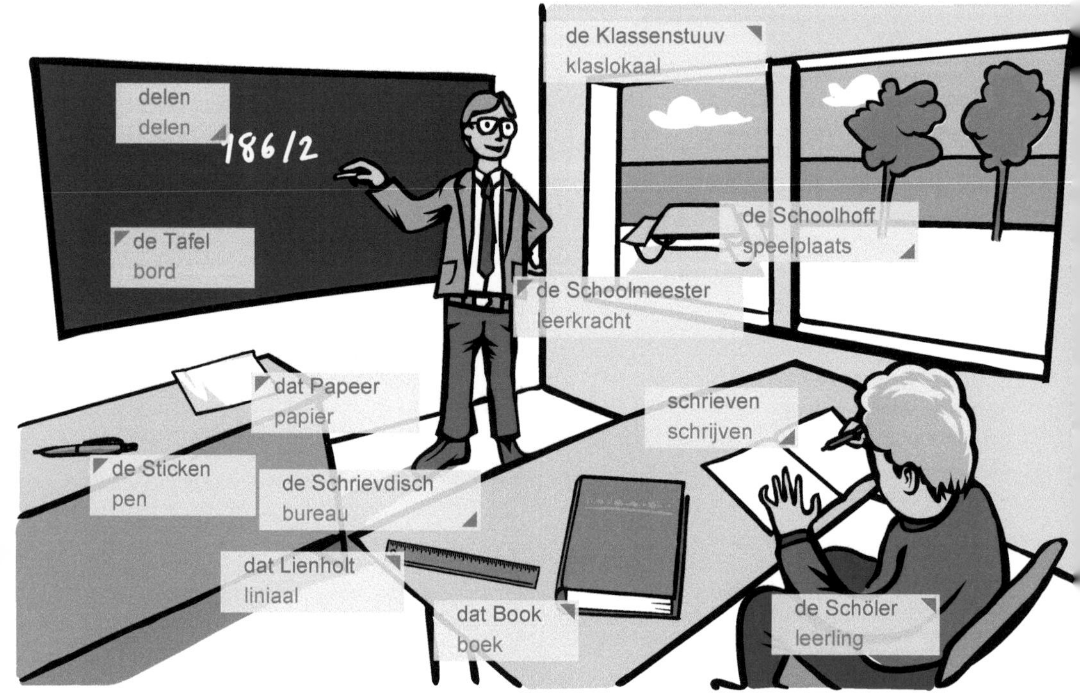

de Klassenstuuv
klaslokaal
delen
delen
186/2
de Tafel
bord
de Schoolhoff
speelplaats
de Schoolmeester
leerkracht
dat Papeer
papier
schrieven
schrijven
de Sticken
pen
de Schrievdisch
bureau
dat Lienholt
liniaal
dat Book
boek
de Schöler
leerling


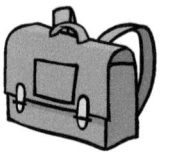

de Ranzel

schooltas

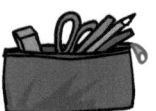

de Feddermapp

pennenzak

de Bleesticken

potlood

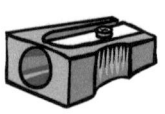

de Scharpmaker

puntenslijper

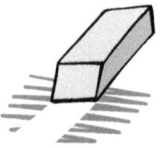

dat Radeergummi

gom

de Tekenblock

tekenblok

**de Teken**

tekening

**de Pinsel**

verfborstel

**de Malkassen**

verfdoos

**de Scheer**

schaar

**de Klever**

lijm

**dat Heft to'n Öven**

werkboek

**de Huusopgaav**

huiswerk

**de Tall**

nummer

**tohooptellen**

optellen

**aftrecken**

aftrekken

**malnehmen**

vermenigvuldigen

**reken**

rekenen

**de Bookstaav**

letter

**dat ABC**

alfabet

**dat Woort**

woord

de Text
........................
tekst

lesen
........................
Lezen

de Kried
........................
krijt

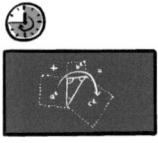

de Stunn
........................
les

dat Klassenbook
........................
klassenboek

de Pröven
........................
examen

dat Tüügnis
........................
certificaat

de Schooluniform
........................
schooluniform

de Utbillen
........................
onderwijs

dat Nakieksel
........................
encyclopedie

de Universität
........................
universiteit

dat Mikroskop
........................
microscoop

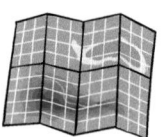

de Koort
........................
kaart

de Papeerkorf
........................
papiermand

# de Törn
## reis

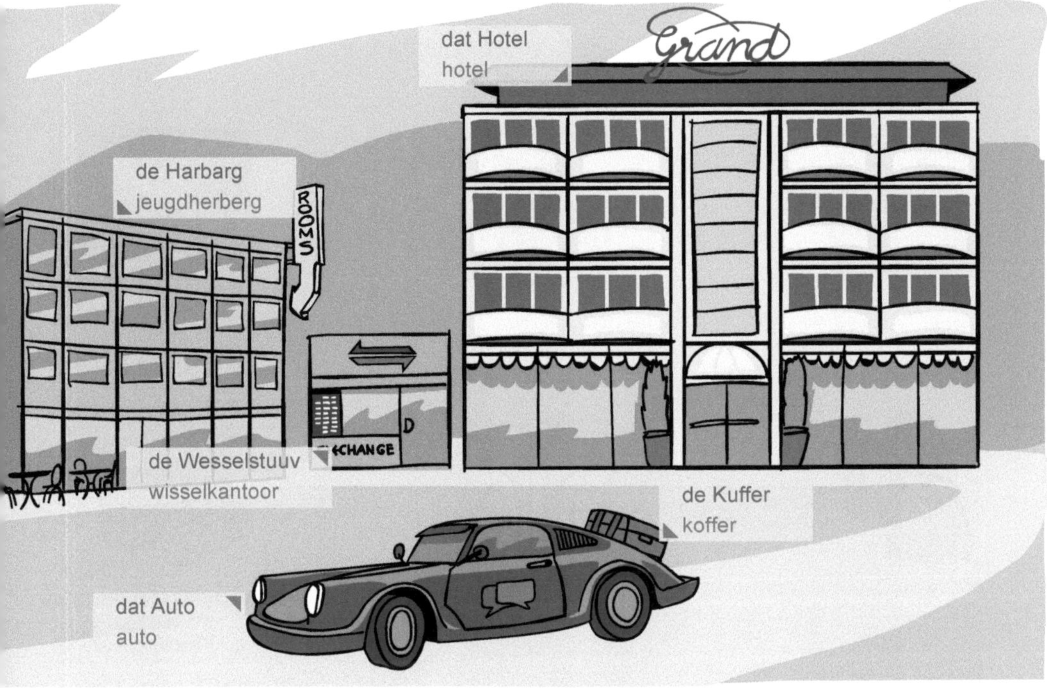

dat Hotel
hotel
Grand
de Harbarg
jeugdherberg
ROOMS
de Wesselstuuv
wisselkantoor
CHANGE
de Kuffer
koffer
dat Auto
auto

de Spraak

Taal

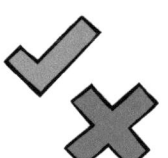

jo / ne

ja / nee

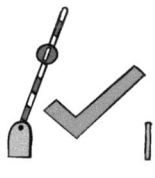

Jo

oké

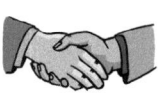

Moin

hallo

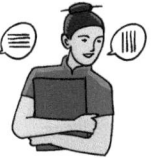

de Översetter

vertaler

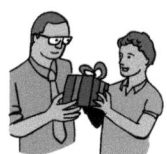

Dank ok

bedankt

Wat kost...?

Hoeveel kost ...?

Ik verstah nich

Ik begrijp het niet

dat Problem

probleem

Goden Avend

Goedenavond!

Moin!

Goedemorgen!

Gode Nacht!

Goedenavond!

Tschüüs

Tot ziens

de Richt

richting

de Bagaasch

bagage

de Tasch

zak

de Rüchsack

rugzak

de Gast

gast

de Stuuv

kamer

de Slaapsack

slaapzak

dat Telt

tent

Touristeninformatschoon

toeristeninformatie

de Strand

strand

de Kreditkoort

kredietkaart

dat Fröhstück

ontbijt

dat Meddageten

lunch

dat Avendeten

avondeten

de Fohrkort

ticket

de Fohrstohl

lift

de Breefmark

postzegel

de Grenz

grens

de Toll

douane

de Bottschop

ambassade

dat Visum

visum

de Pass

paspoort

# de Transport
## transport

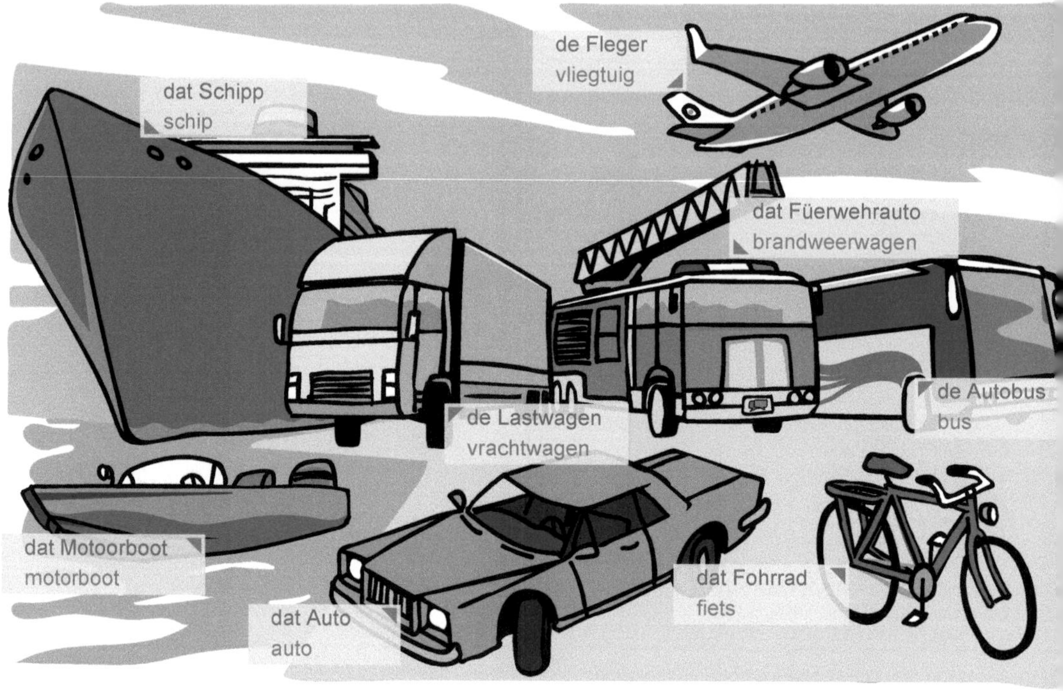

dat Schipp
schip
de Fleger
vliegtuig
dat Füerwehrauto
brandweerwagen
de Autobus
bus
de Lastwagen
vrachtwagen
dat Motoorboot
motorboot
dat Fohrrad
fiets
dat Auto
auto


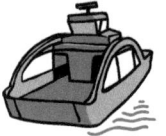

de Fähr

veerboot

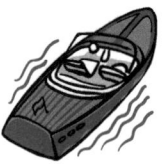

dat Boot

boot

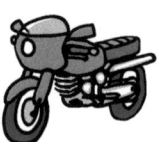

dat Motoorrad

motor

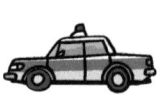

dat Polizeiauto

politiewagen

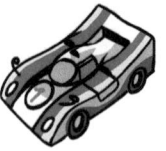

dat Rönnauto

racewagen

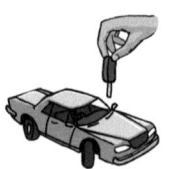

de Lehnwagen

huurauto

dat Carsharing

carpoolen

de Afsleepwagen

sleepwagen

dat Müllauto

vuilniswagen

de Motoor

motor

de Kraftstoff

benzine

de Tanksteed

benzinestation

dat Verkehrsschild

verkeersbord

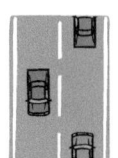

de Verkehr

verkeer

de Stau

file

de Afstellplatz

parkeerplaats

de Bahnhoff

station

de Sporen

sporen

de Tog

trein

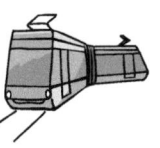

de Stratenbahn

tram

de Wagon

wagon

de Dwarsmöhl

helikopter

de Flooghaven

luchthaven

de Tower

toren

de Fohrgast

passagier

de Grootkist

container

de Karton

karton

de Koor

kar

de Korf

mand

starten / lannen

opstijgen / landen

## de Stadt
## stad

dat Dörp

dorp

de Binnenstadt

stadscentrum

dat Huus

huis

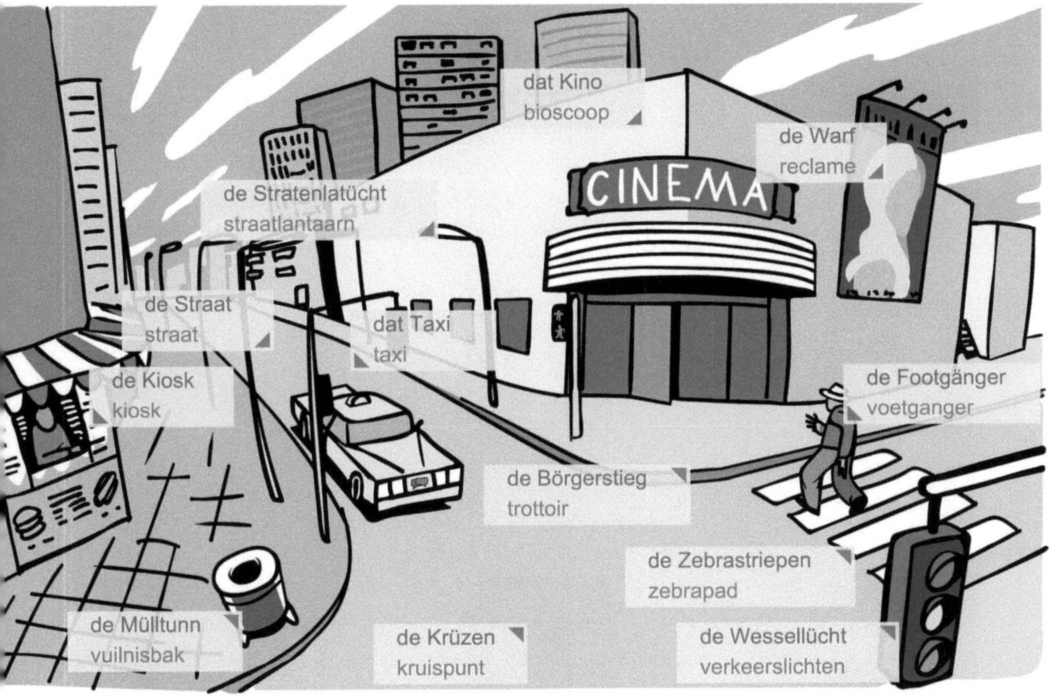

dat Kino
bioscoop

de Warf
reclame

de Stratenlatücht
straatlantaarn

CINEMA

de Straat
straat

dat Taxi
taxi

de Kiosk
kiosk

de Footgänger
voetganger

de Börgerstieg
trottoir

de Zebrastriepen
zebrapad

de Mülltunn
vuilnisbak

de Krüzen
kruispunt

de Wessellücht
verkeerslichten

de Hütt
.................
hut

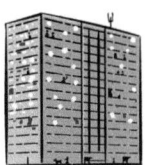

de Wahnung
.................
woning

de Bahnhoff
.................
station

dat Raathuus
.................
stadshuis

dat Museum
.................
museum

de School
.................
school

de Universität
universiteit

de Bank
bank

dat Krankenhuus
ziekenhuis

dat Hotel
hotel

de Afteek
apotheek

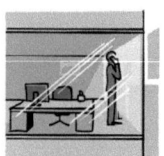

dat Büro
kantoor

de Bookhökerie
boekwinkel

de Hökerie
winkel

de Blomenhökerie
bloemenwinkel

de Supermarkt
supermarkt

de Markt
markt

dat Koophuus
warenhuis

de Fischhökerie
vishandelaar

dat Inkoopszentrum
winkelcentrum

de Haven
haven

de Stadt - stad

de Parkanlaag

park

de Bank

bank

de Brüch

brug

de Trepp

trap

de Ünnergrundbahn

metro

de Tunnel

tunnel

de Busstoppsteed

bushalte

de Bar

bar

dat Spieslokal

restaurant

de Breefkassen

brievenbus

dat Stratenschild

straatnaambord

de Parkklock

parkeermeter

de Deertenpark

zoo

de Baadanstalt

zwembad

de Moschee

moskee

**de Buernhoff**

boerderij

**de Ümweltversmudden**

milieuverontreiniging

**de Karkhoff**

kerkhof

**de Kark**

kerk

**de Speelplatz**

speelplaats

**de Tempel**

tempel

# de Landschop

## landschap

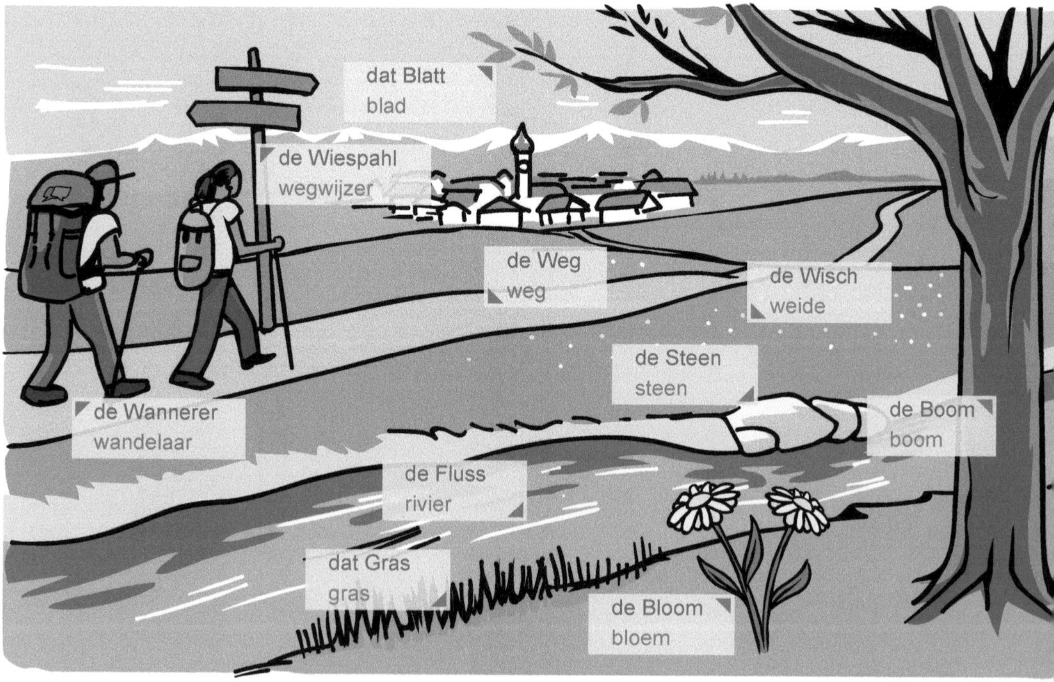

dat Blatt
blad

de Wiespahl
wegwijzer

de Weg
weg

de Wisch
weide

de Steen
steen

de Wannerer
wandelaar

de Boom
boom

de Fluss
rivier

dat Gras
gras

de Bloom
bloem

dat Daal
vallei

de Barg
heuvel

de See
meer

dat Holt
bos

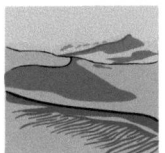

de Wööst
woestijn

de Füerspien Barg
vulkaan

dat Slott
kasteel

de Regenbagen
regenboog

de Poggenstohl
paddenstoel

de Palm
palmboom

de Steekmück
mug

de Fleeg
vlieg

de Miegeemk
mier

de Imm
bijl

de Spinn
spin

**de Sebber**

kever

**de Pogg**

kikker

**de Katteker**

eekhoorn

**de Swienegel**

egel

**de Haas**

haas

**de Uul**

uil

**de Vagel**

vogel

**de Swaan**

zwaan

**dat Wildswien**

wild zwijn

**de Hirsch**

hert

**de Elk**

eland

**de Staudamm**

dam

**dat Windrad**

windturbine

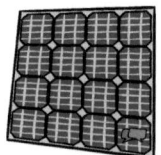

**dat Solarmodul**

zonnepaneel

**dat Klima**

klimaat

# dat Spieslokal

## restaurant

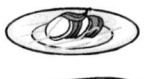

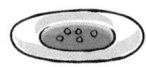

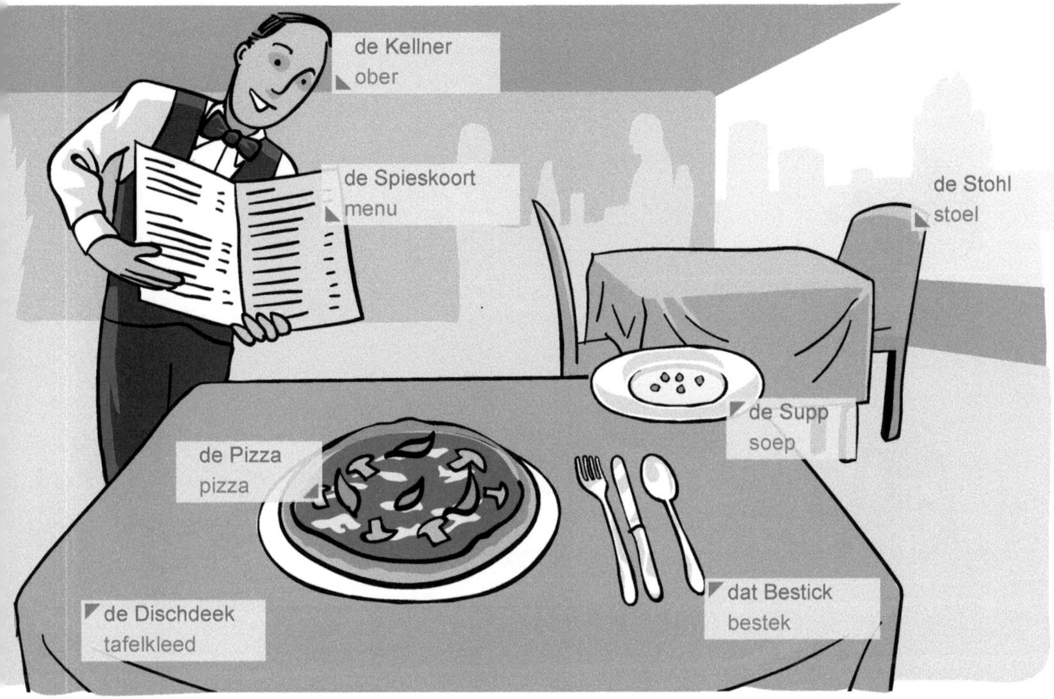
de Kellner
ober
de Spieskoort
menu
de Stohl
stoel
de Supp
soep
de Pizza
pizza
dat Bestick
bestek
de Dischdeek
tafelkleed

de Vörspies

voorgerecht

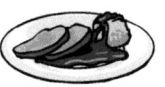

dat Haupteten

hoofdgerecht

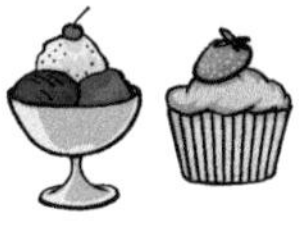

de Nadisch

nagerecht

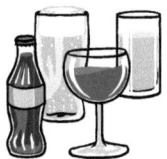

de Drünk

drankjes

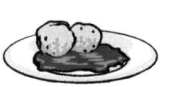

dat Eten

eten

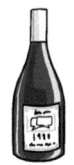

de Buddel

fles

dat Fastfood

fastfood

dat Strateneten

street food

de Teekann

theepot

de Zuckerdoos

suikerpot

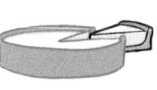

de Portschoon

portie

de Espressomaschien

espressomachine

de Hoochstohl

kinderstoel

de Reken

rekening

dat Tablett

dienblad

dat Mess

mes

de Gavel

vork

de Lepel

lepel

de Teelepel

theelepel

dat Munddook

serviette

dat Glas

glas

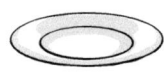

de Töller

bord

de Suppentöller

soepbord

de Ünnertass

schoteltje

de Sooß

saus

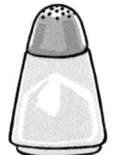

de Soltstreuer

zoutvatje

de Pepermöhl

pepermolen

de Etig

azijn

dat Ööl

olie

de Krüder

kruiden

de Ketchup

ketchup

de Mostrich

mosterd

de Mayonnaise

mayonaise

# de Supermarkt
## supermarkt

dat Anbott
aanbieding
FOR
de Kunn
klant
de Melkprodukten
zuivelproducten
dat Aaft
fruit
de Inkoopswagen
winkelwagen

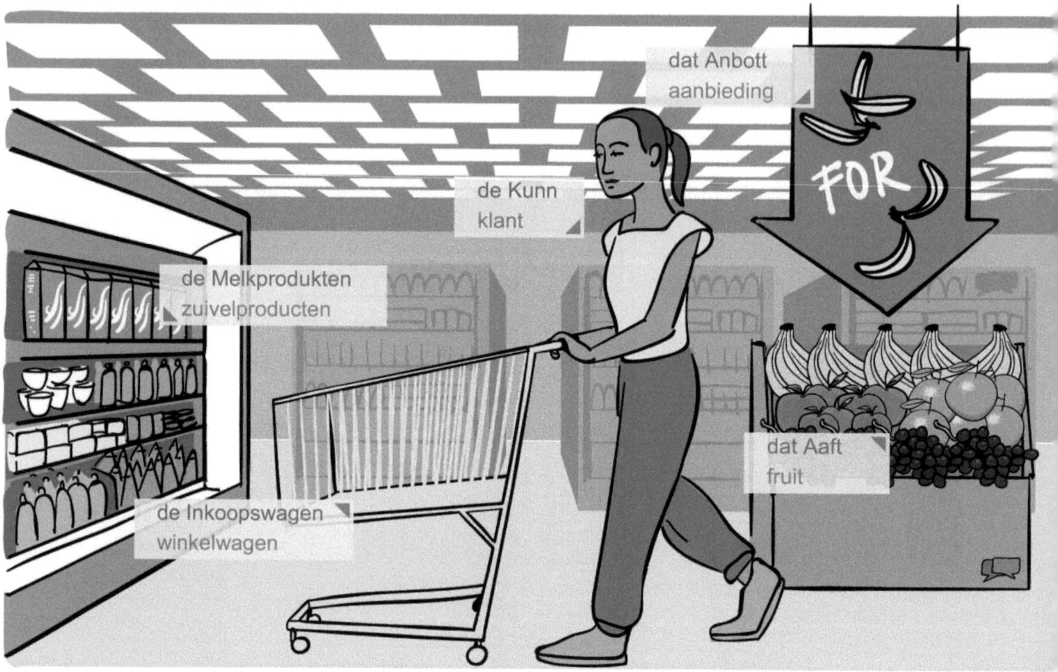

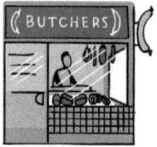

BUTCHERS
de Slachterie
slagerij

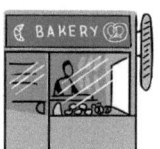

BAKERY
de Bäckerie
bakkerij

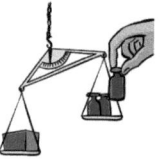

wegen
wegen

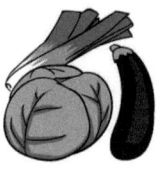

de Gröönsaken
groenten

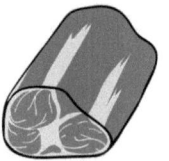

dat Fleesch
vlees

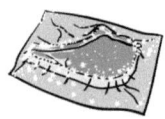

de Deepköhlkost
diepvriesvoedsel

de Opsnitt

charcuterie

de Konserven

conserven

de Waschmiddel

waspoeder

de Snoopkraam

snoep

de Huushooltssaken

huishoudproducten

de Reinmaaktüüch

schoonmaakproducten

de Verköpersche

verkoopster

de Kass

kassa

de Kasserer

kassier

de Inkoopslist

boodschappenlijstje

de Opsparrtieden

openingstijden

de Breeftasch

portefeuille

de Kreditkoort

kredietkaart

de Tasch

tas

de Plastiktüüt

plastieken zakje

**dat Water**

water

**de Saft**

sap

**de Melk**

melk

**de Cola**

cola

**de Wien**

wijn

**dat Beer**

bier

**de Spriet**

alcohol

**de Kakao**

cacao

**de Tee**

thee

**de Koffie**

koffie

**de Espresso**

espresso

**de Cappucino**

cappuccino

de Banaan

banaan

de Appel

appel

de Appelsien

sinaasappel

de Meloon

meloen

de Zitroon

citroen

de Wöttel

wortel

de Knuuvlook

knoflook

de Bambus

bamboe

de Zibbel

ajuin

de Poggenstohl

champignon

de Nööt

noten

de Nudeln

noodles

**de Spaghetti**

spaghetti

**de Ries**

rijst

**de Salat**

salade

**de Pommes frites**

frieten

**de Braadkantüffeln**

gebakken aardappelen

**de Pizza**

pizza

**de Hamborger**

hamburger

**dat Sandwich**

sandwich

**dat Snitzel**

kalfslapje

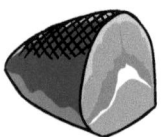

**de Schinken**

ham

**de Salami**

salami

**de Wust**

worst

**dat Hohn**

kip

**de Braden**

braden

**de Fisch**

vis

de Haverflocken

havervlokken

dat Müsli

muesli

de Cornflakes

cornflakes

dat Mehl

bloem

de Croissant

croissant

dat Rundstück

pistolet

dat Broot

brood

dat Toast

toast

de Keksen

koekjes

de Botter

boter

de Quark

kwark

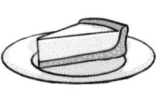

de Koken

taart

dat Ei

ei

dat Spegelei

spiegelei

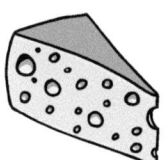

de Kees

kaas

de Ies

ijs

de Zucker

suiker

de Honnig

honing

de Marmelaad

confituur

de Nougat-Creme

choco

dat Curry

curry

# de Buernhoff
## boerderij

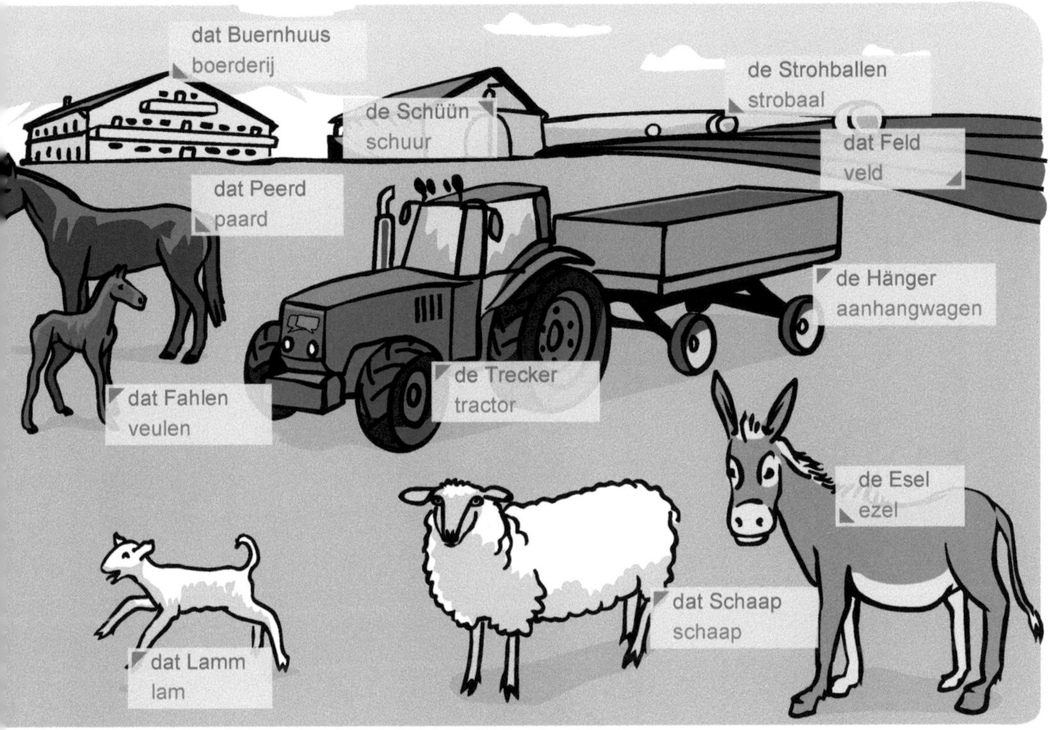
dat Buernhuus
boerderij
de Schüün
schuur
de Strohballen
strobaal
dat Feld
veld
dat Peerd
paard
de Hänger
aanhangwagen
de Trecker
tractor
dat Fahlen
veulen
de Esel
ezel
dat Schaap
schaap
dat Lamm
lam

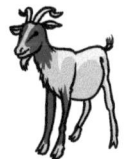

de Zeeg

geit

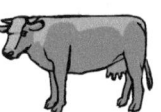

de Koh

koe

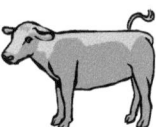

dat Kalf

kalf

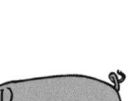

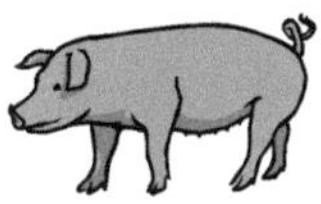

dat Swien

varken

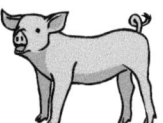

dat Farken

biggetje

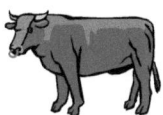

de Bull

stier

**de Goos**

gans

**de Aant**

eend

**dat Küken**

kuiken

**dat Hohn**

kip

**de Hahn**

haan

**de Rott**

rat

**de Katt**

kat

**de Muus**

muis

**de Oss**

os

**de Hund**

hond

**de Hunnenhütt**

hondenhok

**de Goornslauch**

tuinslang

**de Geetkann**

gieter

**de Lee**

zeis

**de Ploog**

ploeg

**de Sich**

sikkel

**de Hack**

schoffel

**de Mestfork**

hooivork

**de Ext**

bijl

**de Schuufkoor**

kruiwagen

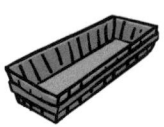

**de Trog**

trog

**de Melkkann**

melkkan

**de Sack**

zak

**de Tuun**

hek

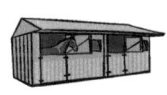

**de Stall**

stal

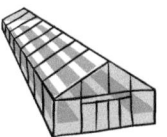

**dat Drievhuus**

broeikas

**de Bodden**

bodem

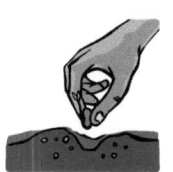

**de Saat**

zaad

**de Dünger**

mest

**de Meihdöscher**

maaidorser

oornen

oogsten

de Oorn

oogst

de Yamswöttel

yam

de Weten

tarwe

dat Soja

soja

de Kantüffel

aardappel

de Törksche Weten

maïs

de Rapp

koolzaad

de Aaftboom

fruitboom

de Troopsch Kantüffel

maniok

dat Koorn

graan

# dat Huus
# huis

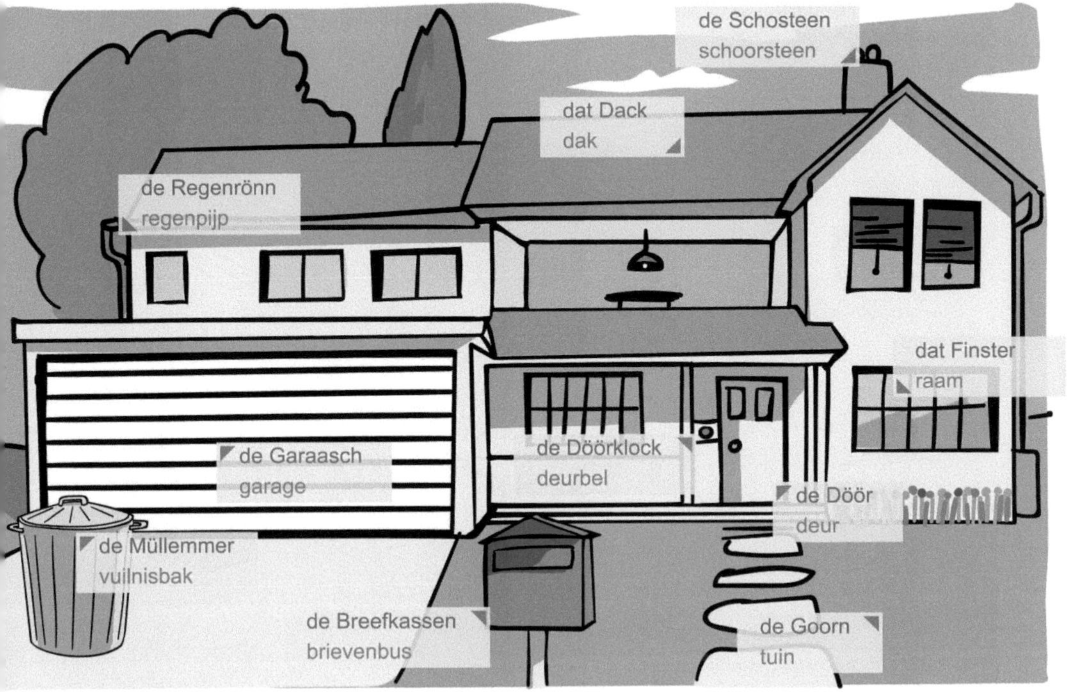
de Schosteen
schoorsteen
dat Dack
dak
de Regenrönn
regenpijp
dat Finster
raam
de Döörklock
deurbel
de Garaasch
garage
de Döör
deur
de Müllemmer
vuilnisbak
de Breefkassen
brievenbus
de Goorn
tuin

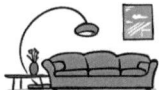

de Wahnstuuv

woonkamer

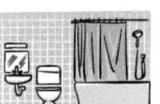

de Baadstuuv

badkamer

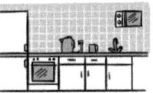

de Köök

keuken

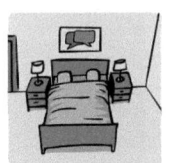

de Slaapstuuv

slaapkamer

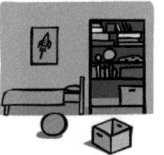

de Kinnerstuuv

kinderkamer

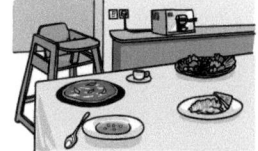

de Eetstuuv

eetkamer

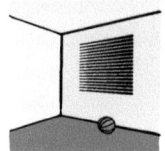

de Footbodden

vloer

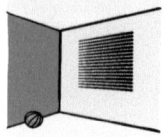

de Wand

muur

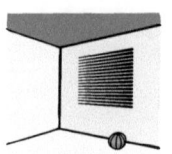

de Deek

plafond

de Keller

kelder

dat Hittluftbad

sauna

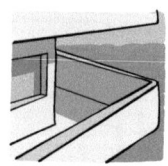

de Balkon

balkon

de Terrass

terras

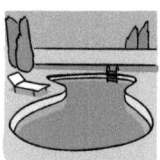

dat Swümmbad

zwembad

de Rasenmeiher

grasmaaier

de Bettbetog

dekbedovertrek

de Bettdeek

dekbed

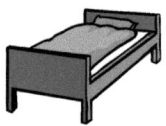

de Puuch

bed

de Bessen

bezem

de Emmer

emmer

de Schalter

schakelaar

# de Wahnstuuv
## woonkamer

de Tapeet
behangpapier
dat Bild
foto
de Lamp
lamp
dat Regal
schap
dat Schapp
kast
de Kiekkassen
televisie
de Kamin
open haard
de Bloom
bloem
dat Küssen
kussen
dat Sofa
sofa
de Vaas
vaas
de Feernbedenen
afstandsbediening

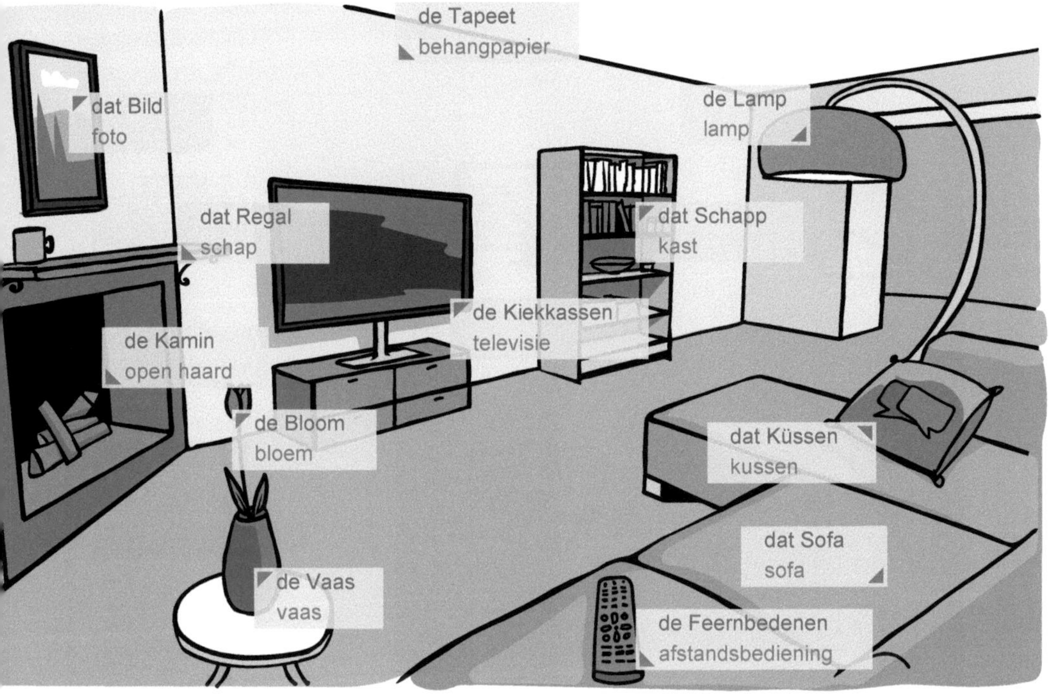

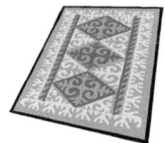

de Teppich

mat

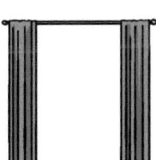

de Vörhang

gordijn

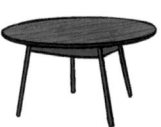

de Disch

tafel

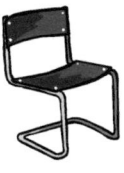

de Stohl

stoel

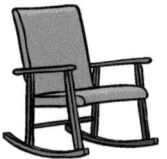

de Schuckelstohl

schommelstoel

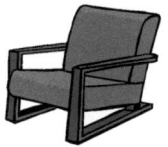

de Sessel

fauteuil

**dat Book**

boek

**de Deek**

deken

**de Dekoratschoon**

decoratie

**dat Füerholt**

brandhout

**de Film**

film

**de Stereoanlaag**

stereo-installatie

**de Slötel**

sleutel

**dat Narichtenblatt**

krant

**dat Gemälde**

schilderij

**dat Poster**

poster

**dat Radio**

radio

**de Opschrievblock**

notitieboekje

**de Huulbessen**

stofzuiger

**de Kaktus**

cactus

**de Kars**

kaars

# de Köök
## keuken

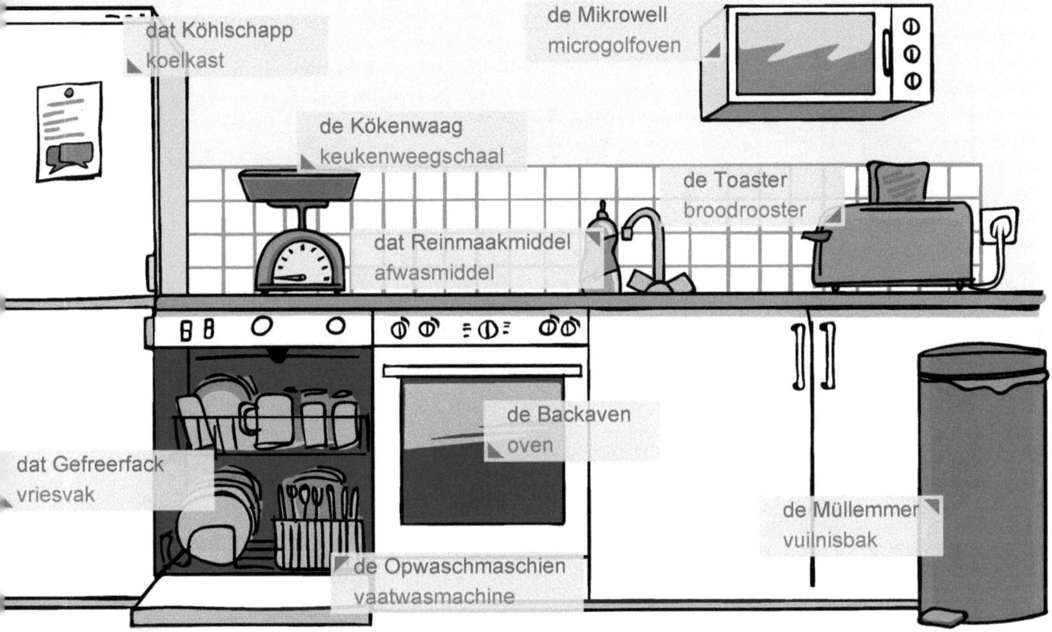
dat Köhlschapp
koelkast
de Mikrowell
microgolfoven
de Kökenwaag
keukenweegschaal
de Toaster
broodrooster
dat Reinmaakmiddel
afwasmiddel
de Backaven
oven
dat Gefreerfack
vriesvak
de Müllemmer
vuilnisbak
de Opwaschmaschien
vaatwasmachine

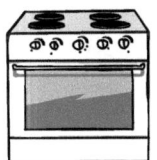

de Heerd

fornuis

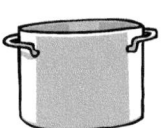

de Pott

pot

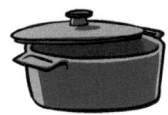

de Gussiesern Putt

gietijzeren pot

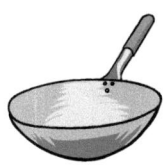

de Wok / Kadai

wok / kadai

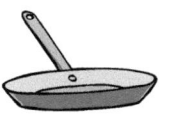

de Pann

pan

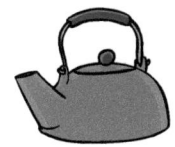

de Waterkaker

waterkoker

de Dampkaakputt

stoomkoker

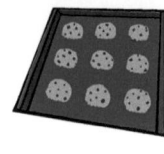

dat Backblick

bakplaat

dat Geschirr

servies

de Beker

mok

de Schaal

kom

de Eetsticken

eetstokjes

de Suppenkell

pollepel

de Pannenwenner

spatel

de Sneebessen

garde

dat Kaakseef

vergiet

dat Seef

zeef

de Riev

rasp

de Mörser

mortier

de Grill

barbecue

de Füerstell

haardvuur

dat Sniedbrett

snijplank

dat Nudelholt

deegrol

de Proppentrecker

kurkentrekker

de Doos

blik

de Dosenaapner

blikopener

de Pottlappen

pannenlap

dat Waschbecken

gootsteen

de Böst

borstel

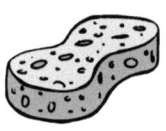

de Swamm

spons

de Mixer

blender

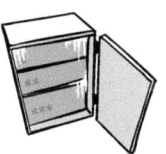

dat Iesschapp

vriezer

de Nuckelbuddel

papfles

de Waterhahn

kraan

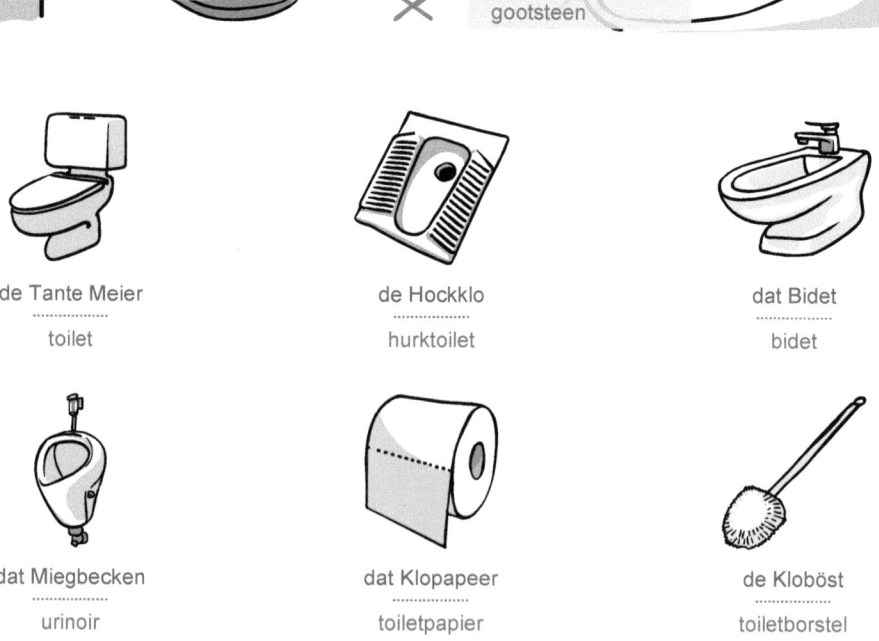

# de Baadstuuv
# badkamer

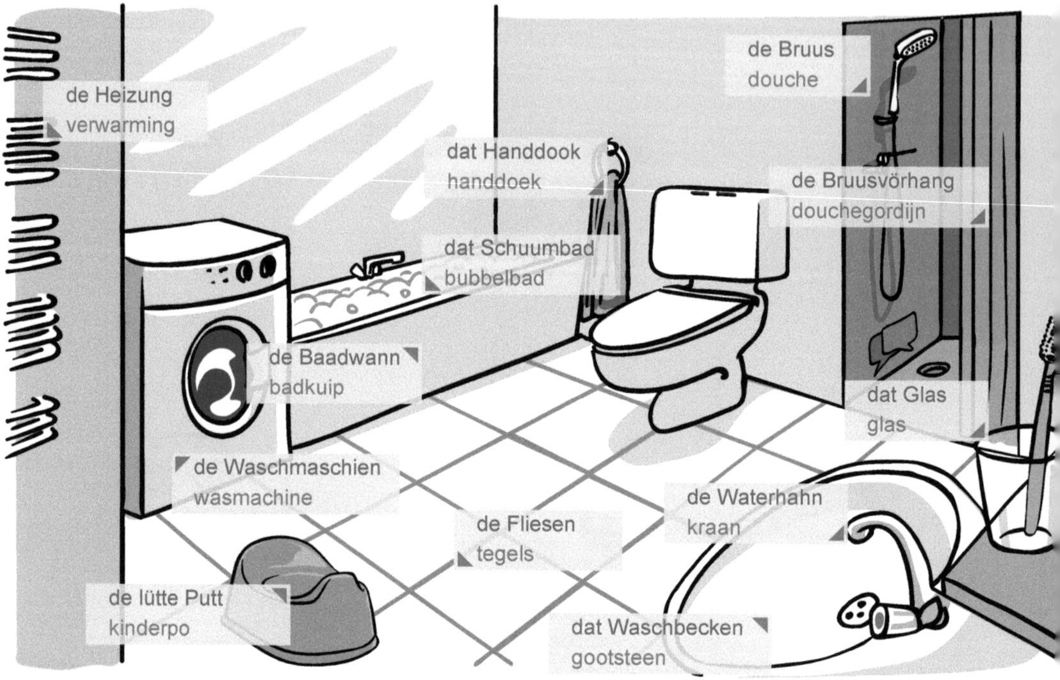
de Heizung
verwarming
dat Handdook
handdoek
de Bruus
douche
de Bruusvörhang
douchegordijn
dat Schuumbad
bubbelbad
de Baadwann
badkuip
dat Glas
glas
de Waschmaschien
wasmachine
de Waterhahn
kraan
de Fliesen
tegels
de lütte Putt
kinderpo
dat Waschbecken
gootsteen

de Tante Meier

toilet

de Hockklo

hurktoilet

dat Bidet

bidet

dat Miegbecken

urinoir

dat Klopapeer

toiletpapier

de Kloböst

toiletborstel

de Tähnböst

tandenborstel

de Tähnpast

tandpasta

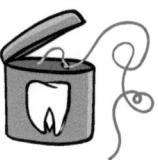

de Tähnsied

flosdraad

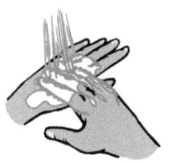

waschen

wassen

de Handbruus

handdouche

de Intimbruus

bidethanddouche

de Waschschöttel

waskom

de Rüchböst

rugborstel

de Seep

zeep

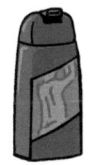

dat Bruusgeel

douchegel

dat Hoorwaschmiddel

shampoo

de Waschlappen

washandje

de Afloop

afvoer

de Creme

crème

dat Deodorant

deodorant

**de Spegel**

spiegel

**de Kosmetikspegel**

handspiegel

**de Raserer**

scheermes

**de Raseerschuum**

scheerschuim

**dat Raseerwater**

aftershave

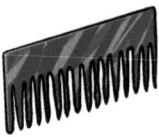

**de Kamm**

kam

**de Böst**

borstel

**de Hoordröger**

haardroger

**dat Hoorspray**

haarlak

**de Smink**

make-up

**de Lippensticken**

lippenstift

**de Nagellack**

nagellak

**de Watt**

watten

**de Nagelscheer**

nagelknipper

**dat Rüükwater**

parfum

de Kulturbüdel

toilettas

de Schemel

kruk

de Waag

weegschaal

de Baadmantel

badjas

de Gummihanschen

latex handschoenen

de Tampon

tampon

de Damenbinn

maandverband

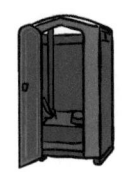

dat Chemieklo

chemisch toilet

# de Kinnerstuuv
## kinderkamer

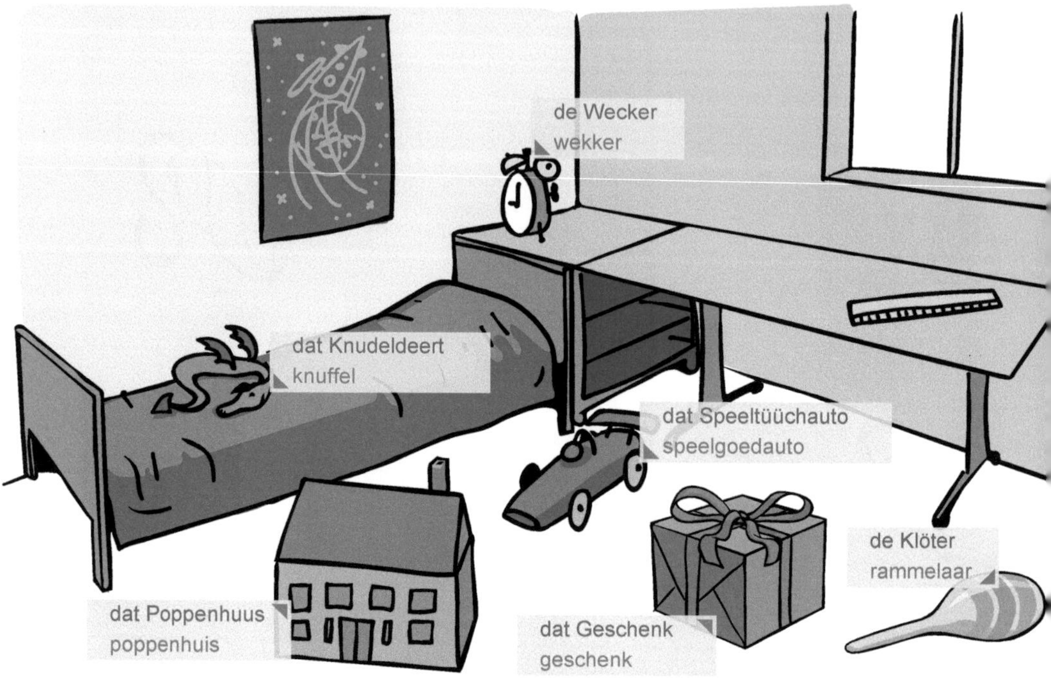

de Wecker
wekker
dat Knudeldeert
knuffel
dat Speeltüüchauto
speelgoedauto
de Klöter
rammelaar
dat Poppenhuus
poppenhuis
dat Geschenk
geschenk


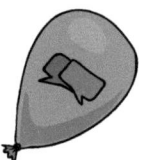

de Luftballon

ballon

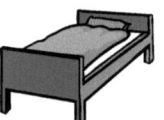

de Puuch

bed

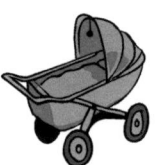

de Kinnerwagen

kinderwagen

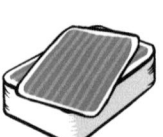

dat Koortenspeel

spel kaarten

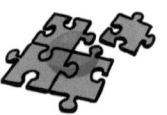

dat Puzzle

puzzel

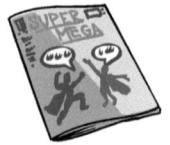

de Billergeschicht

stripboek

de Legostenen

legoblokjes

de Bustenen

blokken

de Action-Figur

actiefiguur

de Strampelantog

kruippakje

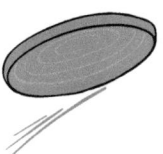

de Frisbeeschiev

frisbee

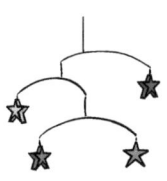

dat Mobile

mobiel

dat Brettspeel

bordspel

de Wörpel

dobbelsteen

de Modelliesenbahn

modelspoorweg

de Snuller

fopspeen

de Party

feest

dat Billerbook

prentenboek

de Ball

bal

de Popp

pop

spelen

spelen

de Sandkassen

zandbak

de Schuckel

schommel

dat Speeltüüch

speelgoed

de Speelkonsool

spelconsole

dat Dreerad

driewieler

de Teddyboor

knuffelbeer

dat Klederschapp

kleerkast

# dat Tüüch
## kleding

de Socken

sokken

de Strümp

kousen

de Strumpbüx

maillot

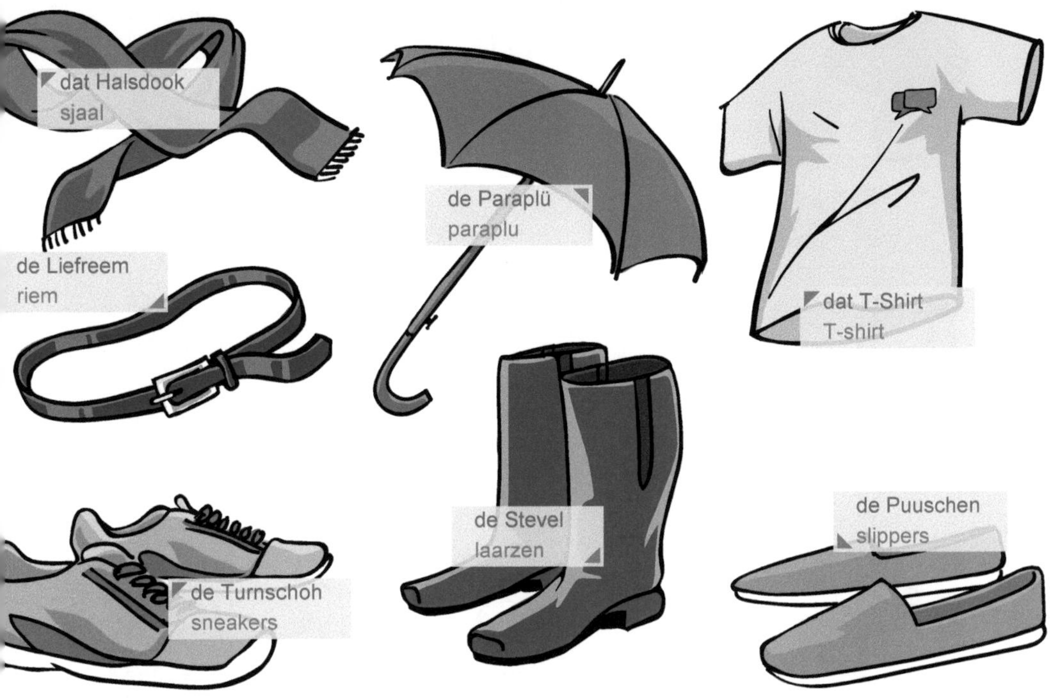

dat Halsdook
sjaal

de Paraplü
paraplu

dat T-Shirt
T-shirt

de Liefreem
riem

dat T-Shirt
T-shirt

de Turnschoh
sneakers

de Stevel
laarzen

de Puuschen
slippers

de Sandalen
................
sandalen

de Schoh
................
schoenen

de Gummistevel
................
rubberlaarzen

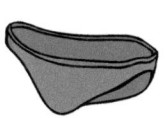

de Ünnerbüx
................
onderbroek

de Bostholler
................
beha

dat Ünnerhemd
................
onderhemd

dat Tüüch  -  kleding

**de Lief**

lichaam

**de Büx**

broek

**de Jeansnüx**

jeans

**de Rock**

rok

**de Bluus**

blouse

**dat Hemd**

hemd

**de Pullover**

trui

**de Kapuzenpullover**

capuchontrui

**de Blazer**

blazer

**de Jack**

jas

**de Mantel**

jas

**de Övertrecker**

regenjas

**dat Kostüm**

kostuum

**dat Kleed**

jurk

**dat Hochtietskleed**

trouwjurk

**de Antog**

pak

**dat Nachtkleed**

nachthemd

**de Slaapantog**

pyjama

**de Sari**

sari

**dat Koppdook**

hoofddoek

**de Turban**

tulband

**de Burka**

boerka

**de Kaftan**

kaftan

**de Abaya**

abaya

**de Baadantog**

badpak

**de Baadbüx**

zwembroek

**de Korte Büx**

short

**de Antog to'n Öven**

trainingspak

**de Schört**

schort

**de Handschoh**

handschoenen

**de Knopp**

knoop

**de Brill**

bril

**dat Armband**

armband

**de Halskeed**

ketting

**de Ring**

ring

**de Ohrbummel**

oorbel

**de Mütz**

pet

**de Klederbögel**

kapstok

**de Hoot**

hoed

**de Binner**

das

**de Rietslüter**

rits

**de Helm**

helm

**dat Drachtband**

bretellen

**de Schooluniform**

schooluniform

**de Uniform**

uniform

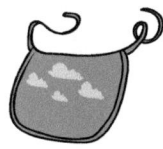

de Severböten

slabbetje

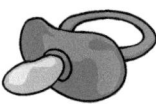

de Snuller

fopspeen

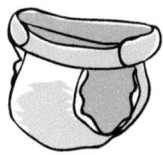

de Winnel

luier

# dat Büro

## kantoor

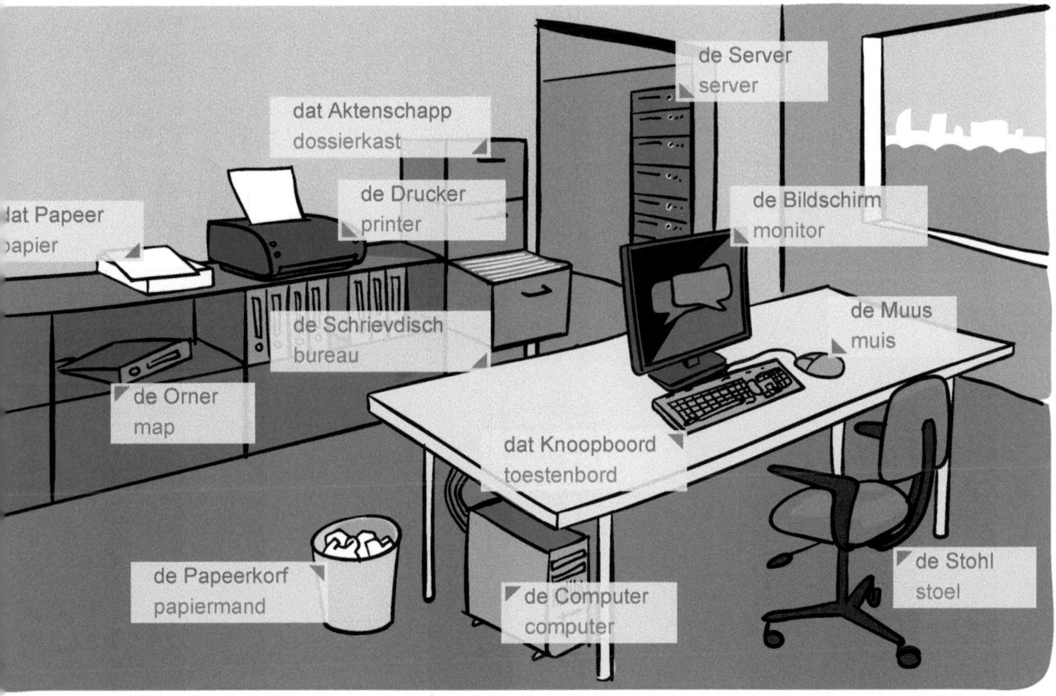

de Server
server
dat Aktenschapp
dossierkast
de Drucker
printer
at Papeer
apier
de Bildschirm
monitor
de Muus
muis
de Schrievdisch
bureau
de Orner
map
dat Knoopboord
toestenbord
de Papeerkorf
papiermand
de Computer
computer
de Stohl
stoel


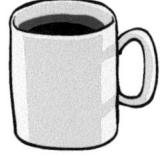

de Koffiebeker

koffiemok

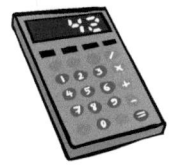

de Taschenreekner

rekenmachine

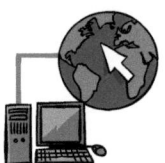

dat Internet

internet

de Klappreekner

laptop

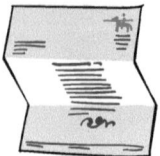

de Breef

brief

de Naricht

bericht

de Ackersnacker

gsm

dat Nettwark

netwerk

de Kopeerapparat

kopieerapparaat

de Software

software

de Klöönkassen

telefoon

de Steekdoos

stopcontact

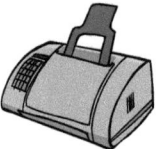

de Faxapparat

fax

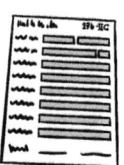

dat Formulor

formulier

dat Dokument

document

köpen
kopen

betahlen
betalen

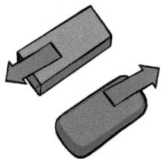

hanneln
handelen

dat Geld
geld

 USD

de Dollar
dollar

 EUR

de Euro
euro

JPY

de Yen
yen

RUB

de Ruvel
roebel

CHF

de Swiezer Franken
Zwitserse frank

CNY

de Renminbi Yuan
Chinese renminbi

INR

de Rupie
roepie

de Geldautomat
geldautomaat

de Wesselstuuv

wisselkantoor

dat Gold

goud

dat Sülver

zilver

dat Ööl

olie

de Energie

energie

de Pries

prijs

de Verdrag

contract

de Stüer

belasting

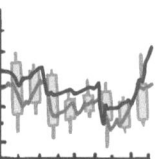

de Andeelschien

aandeel

arbeiden

werken

de Anstellte

werknemer

de Arbeitgever

werkgever

de Fabrik

fabriek

de Hökerie

winkel

# de Profeschonen
## beroepen

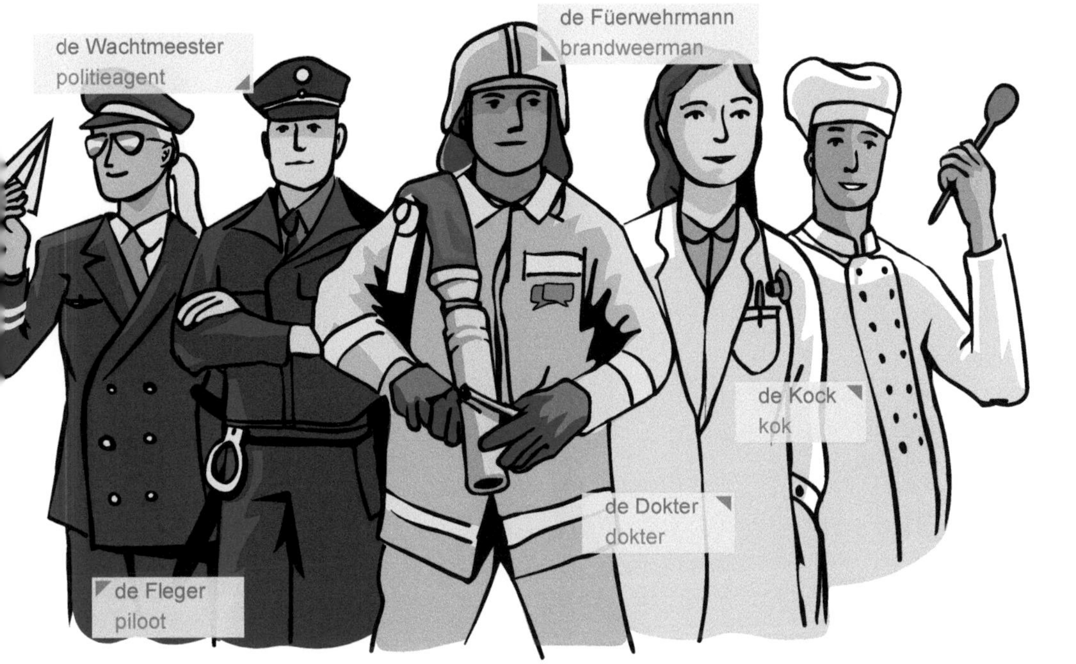
de Wachtmeester
politieagent
de Füerwehrmann
brandweerman
de Kock
kok
de Dokter
dokter
de Fleger
piloot

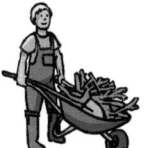

de Goorner

tuinman

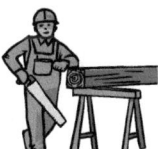

de Discher

timmerman

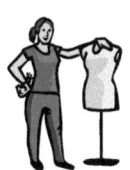

de Neihersche

naaister

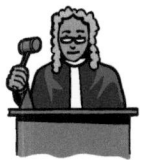

de Richter

rechter

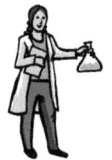

de Chemiker

chemicus

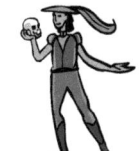

de Schauspeler

acteur

de Busfohrer

buschauffeur

de Taxifohrer

taxichauffeur

de Fischer

visser

de Reinmaakfru

schoonmaakster

de Dackdecker

dakdekker

de Kellner

ober

de Jäger

jager

de Maler

schilder

de Bäcker

bakker

de Elektriker

elektricien

de Buarbeider

bouwvakker

de Ingenieur

ingenieur

de Slachter

slager

de Klempner

loodgieter

de Postbüdel

postbode

de Suldat

soldaat

de Architekt

architect

de Kasserer

kassier

de Florist

bloemist

de Putzbüdel

kapper

de Schaffner

conducteur

de Mechaniker

mecanicien

de Kaptein

kapitein

de Tähndokter

tandarts

de Wetenschopler

wetenschapper

de Rabbi

rabbijn

de Imam

imam

de Mönk

monnik

de Paap

geestelijke

# dat Warktüüch

## werktuigen

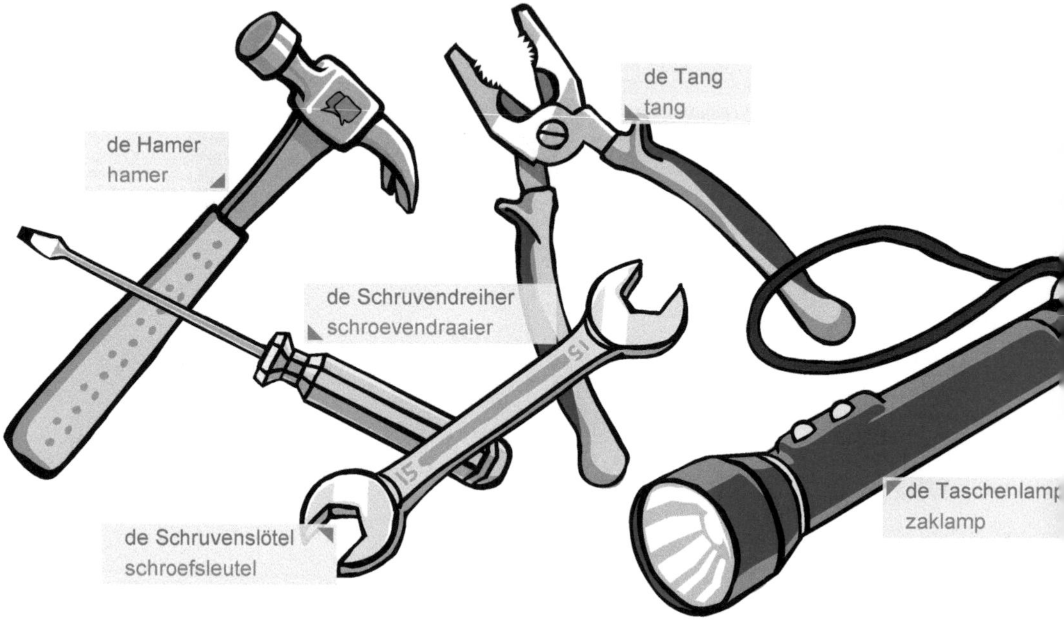
de Hamer
hamer
de Tang
tang
de Schruvendreiher
schroevendraaier
de Schruvenslötel
schroefsleutel
de Taschenlamp
zaklamp

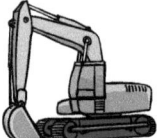

de Grieper

graafmachine

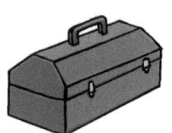

de Warktüüchkassen

gereedschapskoffer

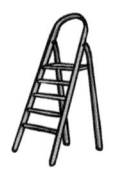

de Ledder

ladder

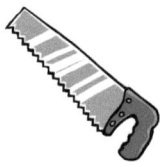

de Saag

zaag

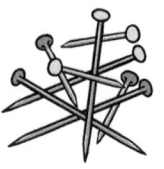

de Nagels

spijkers

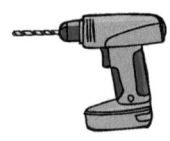

de Bohrer

boormachine

heelmaken
repareren

de Schüffel
schop

Schiet!
Verdomme!

dat Kehrblick
blik

de Farvpott
verfpot

de Schruven
schroeven

## de Musikinstrumenten
## muziekinstrumenten

de Luutsnacker
luidspreker

dat Slagtüüch
drumstel

de Rietfiedel
gitaar

de Bass-Vigelien
contrabas

de Trumpeet
trompet

dat Klaveer

piano

de Vigelien

viool

de Bass

basgitaar

de Pauk

pauk

de Trummeln

trommels

dat Keyboard

keyboard

dat Saxophon

saxofoon

de Fleut

fluit

dat Mikrofoon

microfoon

# de Deertenpark

## zoo

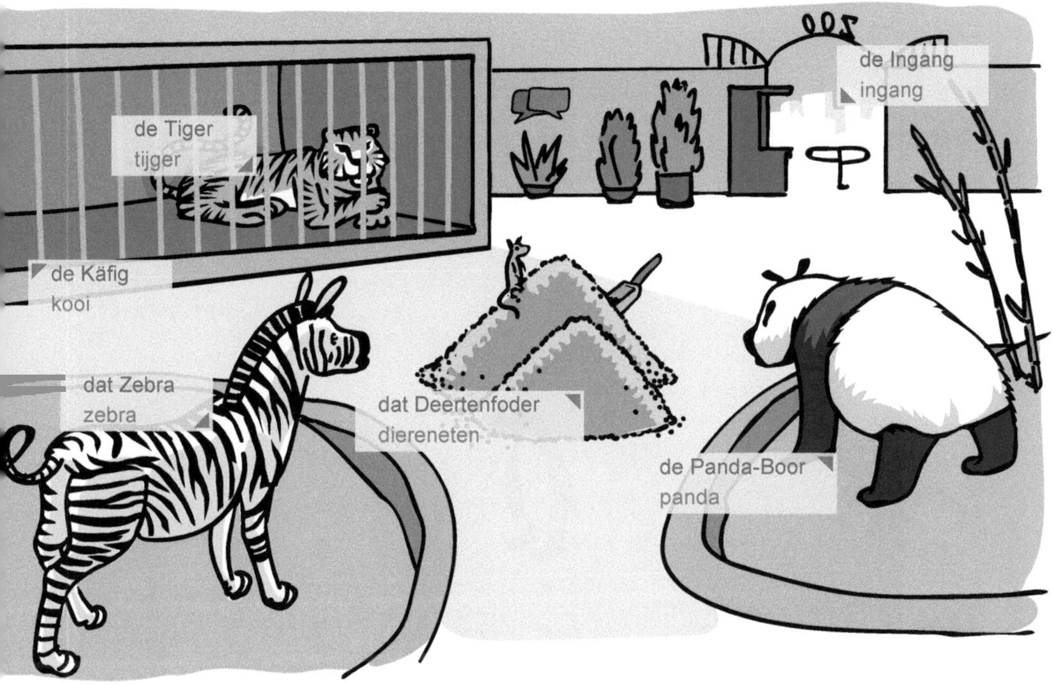
de Ingang
ingang
de Tiger
tijger
de Käfig
kooi
dat Zebra
zebra
dat Deertenfoder
diereneten
de Panda-Boor
panda

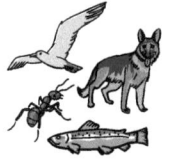

de Deerten
dieren

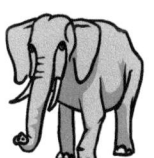

de Elefant
olifant

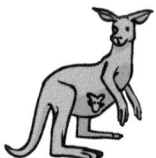

dat Känguru
kangoeroe

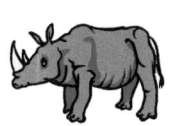

dat Neeshoorn
neushoorn

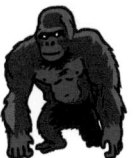

de Gorilla
gorilla

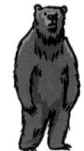

de Boor
beer

dat Kameel

kameel

de Struuß

struisvogel

de Lööv

leeuw

de Aap

aap

de Flamingo

flamingo

de Papagoi

papegaai

de Iesboor

ijsbeer

de Pinguin

pinguïn

de Haifisch

haai

de Pageluun

pauw

de Slang

slang

dat Krokodil

krokodil

de Oppasser in'n
Deertenpark

dierenverzorger

de Saalhund

zeehond

de Jaguor

jaguar

dat Pony

pony

de Leopard

luipaard

dat Nilpeerd

nijlpaard

de Giraff

giraffe

de Aadler

adelaar

dat Wildswien

wild zwijn

de Fisch

vis

de Schildkrööt

zeeschildpad

dat Walross

walrus

de Voss

vos

de Gazell

gazelle

# de Sport

## sporten

de Amerikaansch Football
rugby

dat Radfohren
wielrennen

dat Tennis
tennis

de Korfball
basketbal

dat Swümmen
zwemmen

dat Boxen
boksen

dat Ieshockey
ijshockey

de Football

voetbal

dat Fedderball

badminton

de Leichtathletik

atletiek

de Handball

handbal

dat Skilopen

skiën

dat Polo

polo

lachen
lachen

springen
springen

ümarmen
knuffelen

gahn
wandelen

singen
zingen

drömen
dromen

beden
bidden

snuteln
kussen

schrieven
schrijven

teken
tekenen

wiesen
tonen

drücken
duwen

geven
geven

nehmen
nemen

hebben
hebben

doon
doen

sien
zijn

stahn
staan

lopen
lopen

trecken
trekken

smieten
gooien

fallen
vallen

liggen
liggen

töven
wachten

dregen
dragen

sitten
zitten

antrecken
aankleden

slapen
slapen

opwaken
ontwaken

ankieken

kijken naar

wenen

wenen

eien

aaien

kämmen

kammen

snacken

praten

verstahn

begrijpen

fragen

vragen

hören

luisteren

drinken

drinken

eten

eten

oprümen

opruimen

leefhebben

houden van

kaken

koken

fohren

rijden

flegen

vliegen

segeln
zeilen

reken
rekenen

lesen
Lezen

lehren
leren

arbeiden
werken

de Plünnen tohoopsmieten
trouwen

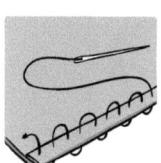

neihen
naaien

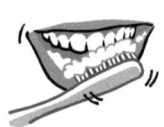

Tähnen putzen
tandenpoetsen

dootmaken
doden

smöken
roken

schicken
sturen

# de Familje
## familie

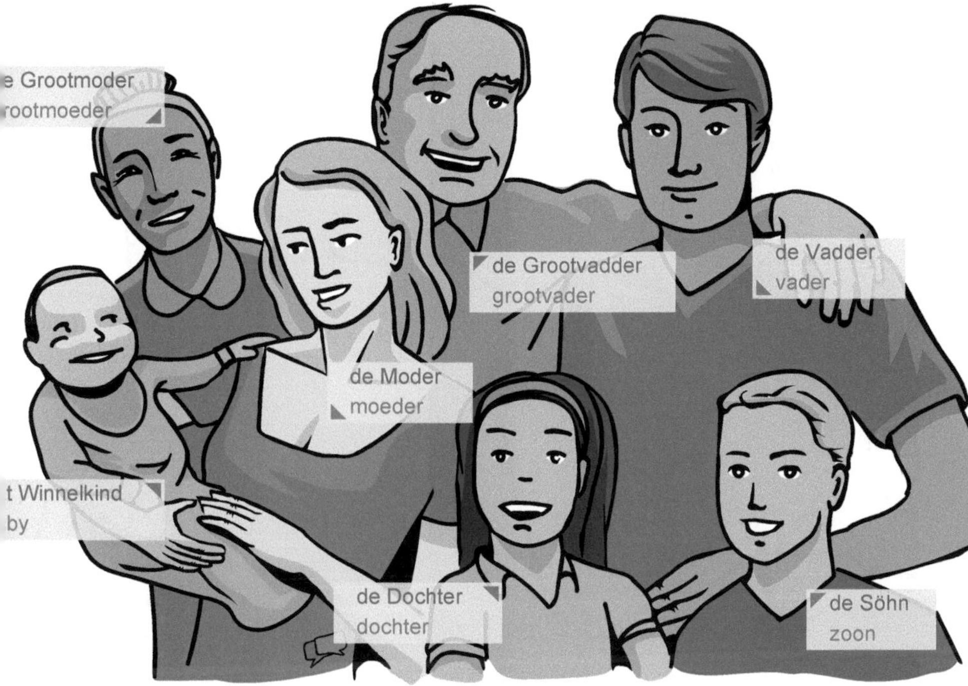

e Grootmoder
rootmoeder
de Grootvadder
grootvader
de Vadder
vader
de Moder
moeder
t Winnelkind
by
de Dochter
dochter
de Söhn
zoon


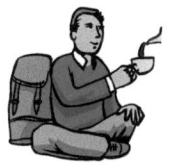

de Gast

gast

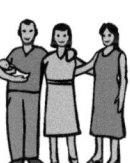

de Tant

tante

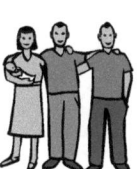

de Unkel

oom

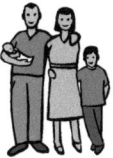

de Broder

broer

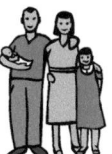

de Süster

zus

# de Lief
## lichaam

de Vörkopp
voorhoofd
dat Oog
oog
de Schuller
schouder
de Finger
vinger
dat Gesicht
gezicht
dat Kinn
kin
de Hand
hand
dat Been
been
de Bost
borst
de Arm
arm


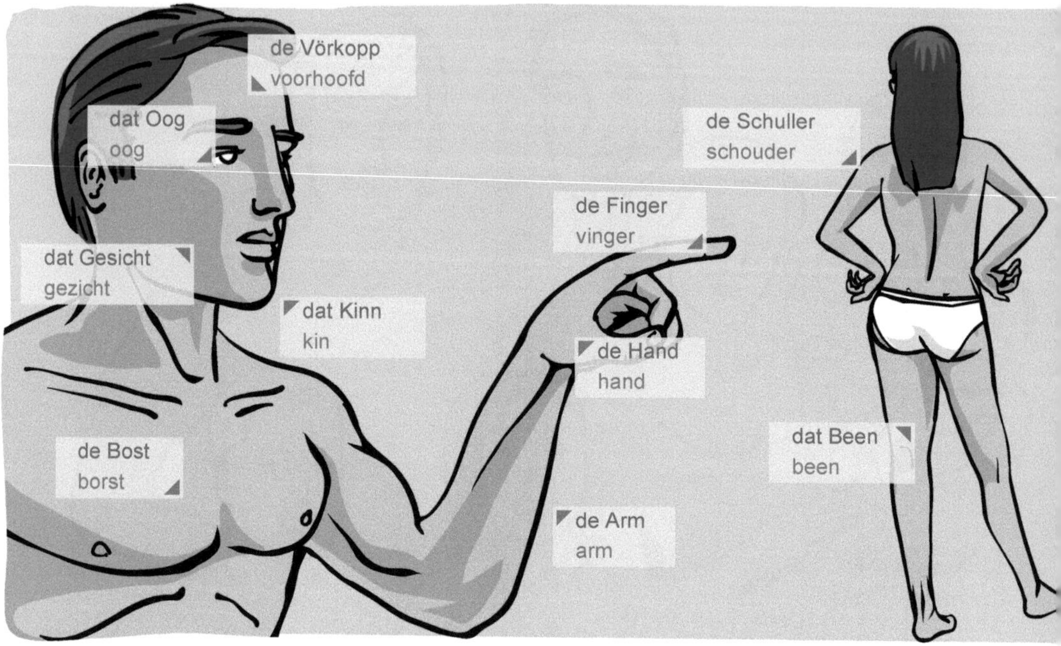

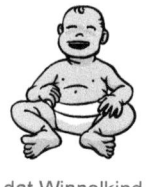

dat Winnelkind

baby

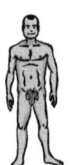

de Mann

man

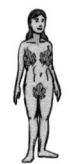

de Fro

vrouw

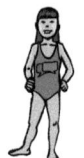

de Deern

meisje

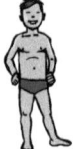

de Jung

jongen

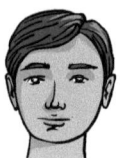

de Arm

hoofd

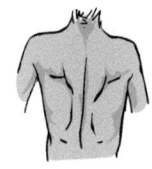

**de Rüch**
rug

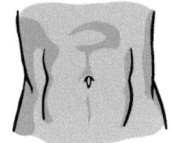

**de Buuk**
buik

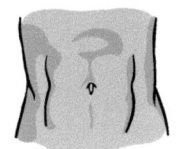

**de Navel**
navel

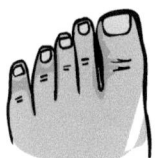

**de Teh**
teen

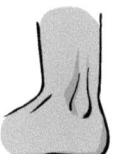

**de Hack**
hiel

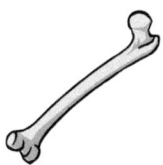

**de Knaken**
bot

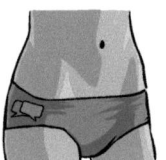

**de Hüft**
heup

**dat Knee**
knie

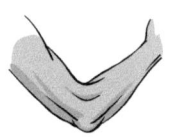

**de Ellbagen**
elleboog

**de Nees**
neus

**de Achtersen**
zitvlak

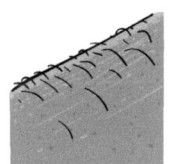

**de Huut**
huid

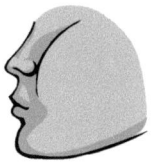

**de Back**
wang

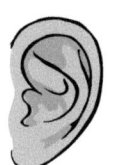

**dat Ohr**
oor

**de Lipp**
lip

**de Mund**

mond

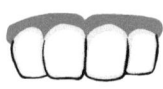

**de Tähn**

tand

**de Tung**

tong

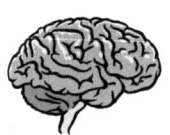

**de Bregen**

hersenen

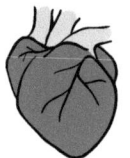

**dat Hart**

hart

**de Muskel**

spier

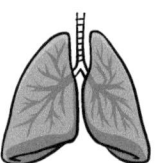

**de Lung**

long

**de Lever**

lever

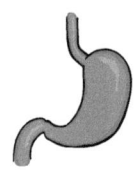

**de Maag**

maag

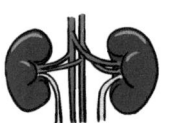

**de Neren**

nieren

**de Bislaap**

seks

**dat Kondoom**

condoom

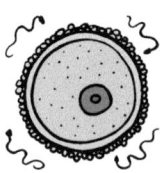

**de Eizell**

eicel

**dat Sperma**

sperma

**de Anner Ümstänn**

zwangerschap

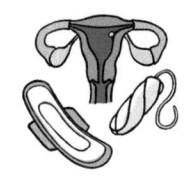

de Menstruatschoon

menstruatie

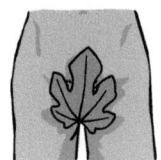

de Scheed

vagina

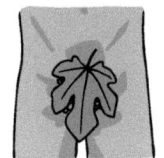

de Pint

penis

de Ogenbroe

wenkbrauw

dat Hoor

haar

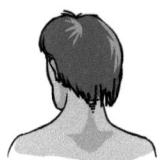

de Hals

nek

# dat Krankenhuus
## ziekenhuis

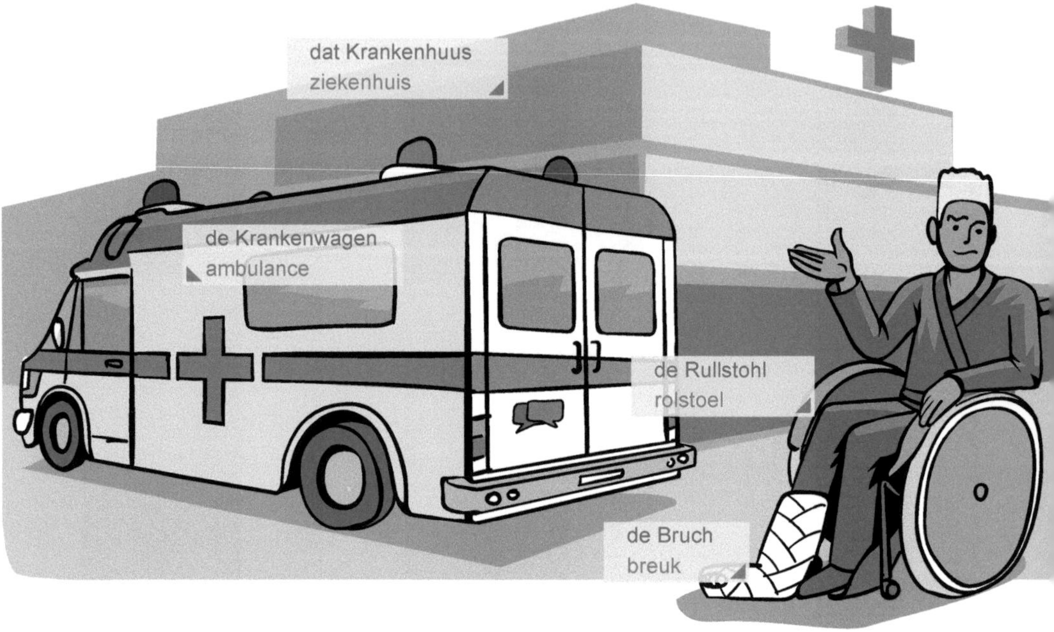

dat Krankenhuus
ziekenhuis
de Krankenwagen
ambulance
de Rullstohl
rolstoel
de Bruch
breuk


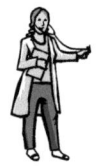

de Dokter

dokter

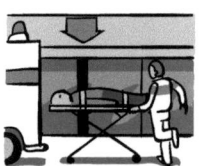

de Nootopnahm

spoed

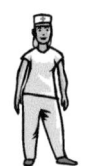

de Krankensüster

verpleegkundige

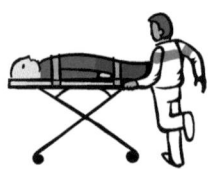

de Nootfall

noodgeval

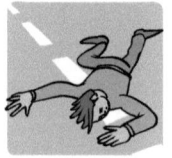

ahnmächtig

bewusteloos

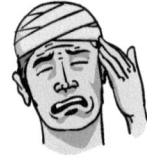

de Wehdaag

pijn

**de Verwunnen**

verwonding

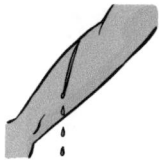

**de Blöden**

bloeding

**de Hartinfarkt**

hartaanval

**de Slaganfall**

beroerte

**de Allergie**

allergie

**de Hoosten**

hoest

**dat Fever**

koorts

**de Gripp**

griep

**de Dörchfall**

diarree

**de Koppwehdaag**

hoofdpijn

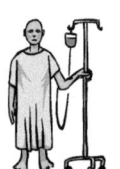

**de Kreeft**

kanker

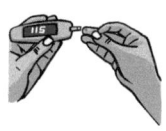

**de Zuckersüük**

diabetes

**de Chirurg**

chirurg

**dat Chirurgsch Mess**

scalpel

**de Operatschoon**

operatie

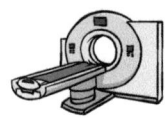

**dat CT**

CT

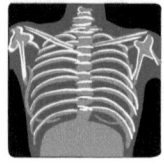

**de Dörchlüchten**

röntgenstraal

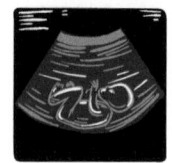

**de Ultraschall**

ultrageluid

**de Mask**

gezichtsmasker

**de Krankheit**

ziekte

**de Töövruum**

wachtkamer

**de Krück**

kruk

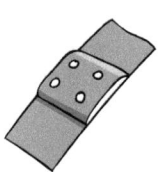

**dat Plaaster**

pleister

**de Verband**

verband

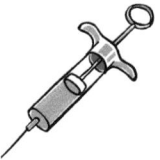

**de Insprütten**

injectie

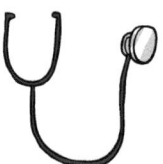

**dat Stethoskop**

stethoscoop

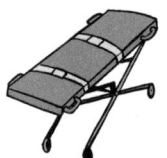

**de Draag**

brancard

**dat Feverthermometer**

thermometer

**de Geboort**

geboorte

**dat Övergewicht**

overgewicht

de Höörapparat

hoorapparaat

dat Kiemfriemiddel

ontsmettingsmiddel

de Ansteken

infectie

de Virus

virus

dat HIV / AIDS

HIV / AIDS

dat Heelmiddel

medicijn

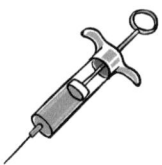

de Impen

vaccinatie

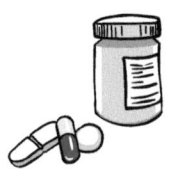

de Tabletten

tabletten

de Pill

pil

de Nootroop

noodoproep

de Blootdruck-Meter

bloeddrukmeter

krank / gesund

ziek / gezond

Hölp!

Help!

de Alarm

alarm

de Överfall

overval

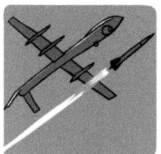

de Angreep

aanval

de Gefohr

gevaar

de Nootutgang

nooduitgang

dat Füer!

Brand!

de Füerlöscher

brandblusser

de Unfall

ongeval

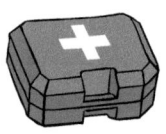

de Noothölpkoffer

EHBO-kit

SOS

SOS

de Polizei

politie

Europa

Europa

Noordamerika

Noord-Amerika

Süüdamerika

Zuid-Amerika

Afrika

Afrika

Asien

Azië

Australien

Australië

de Atlantik

Atlantische Oceaan

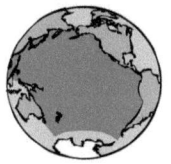

de Pazifik

Stille Oceaan

dat Indisch Weltmeer

Indische Oceaan

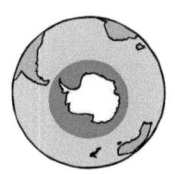

dat Antarktisch Weltmeer

Antarctische Oceaan

dat Arktisch Weltmeer

Arctische Oceaan

de Noordpol

Noordpool

de Süüdpol

Zuidpool

de Antarktis

Antarctica

de Eerd

aarde

dat Land

land

de See

zee

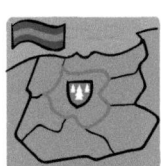

dat Eiland

eiland

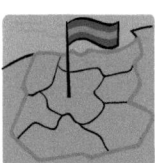

de Natschoon

natie

de Staat

staat

dat Tallenblatt

wijzerplaat

de Stunnenwieser

uurwijzer

de Minutenwieser

minuutwijzer

de Sekunnenwieser

secondewijzer

Wo laat is dat?

Hoe laat is het?

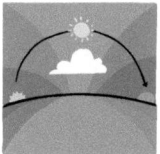

de Dag

dag

de Tiet

tijd

nu

nu

de digetaalsch Klock

digitale horloge

de Minuut

minuut

de Stunn

uur

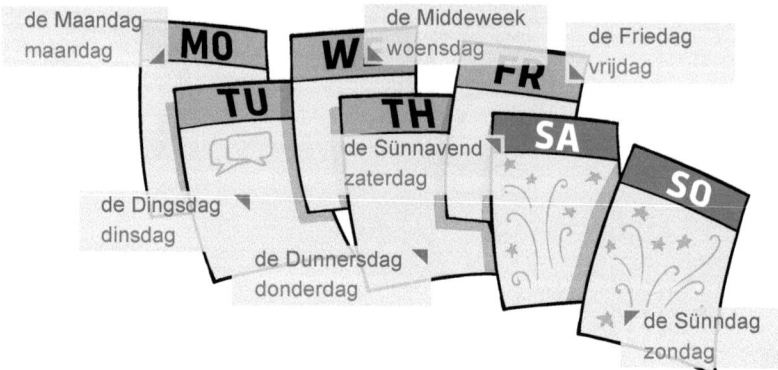

de Maandag / maandag
de Middeweek / woensdag
de Friedag / vrijdag
de Dingsdag / dinsdag
de Sünnavend / zaterdag
de Dunnersdag / donderdag
de Sünndag / zondag

güstern
.............
gisteren

hüüt
.............
vandaag

morgen
.............
morgen

de Morgen
.............
ochtend

de Meddag
.............
middag

de Avend
.............
avond

de Arbeitsdaag
.............
werkdagen

dat Wekenenn
.............
weekend

# dat Johr
## jaar

de Regen
regen
de Regenbagen
regenboog
de Snee
sneeuw
de Wind
wind
dat Fröhjohr
lente
de Harvst
herfst
de Sommer
zomer
de Winter
winter

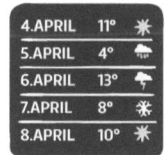

4.APRIL 11°
5.APRIL 4°
6.APRIL 13°
7.APRIL 8°
8.APRIL 10°

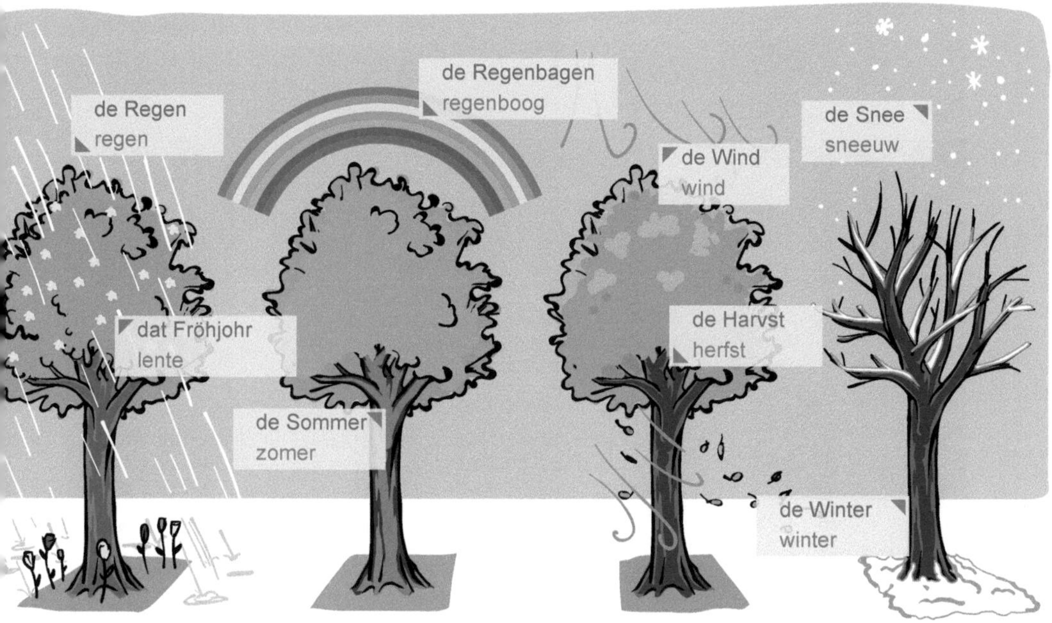

de Wedervörhersaag

weervoorspelling

F
C
120
90
60
30
0
-30
40
30
20
10
0
-10
-20

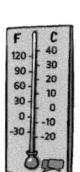

dat Thermometer

thermometer

de Sünnenschien

zonneschijn

de Wulk

wolk

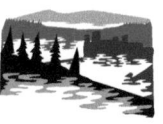

de Nevel

mist

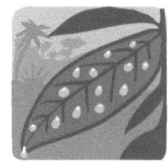

de Luftfuchtigkeit

vochtigheid

de Blitz

bliksem

de Dunner

donder

de Storm

storm

de Hagel

hagel

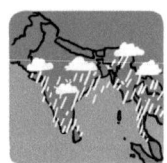

de Monsun

moesson

de Floot

overstroming

dat Ies

ijs

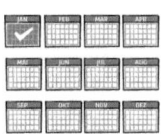

de Januormaand

januari

de Februormaand

februari

de Martmaand

maart

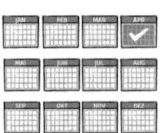

de Aprilmaand

april

de Maimaand

mei

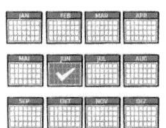

de Junimaand

juni

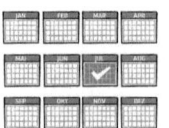

de Julimaand

juli

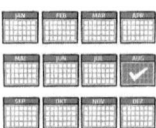

de Augustmaand

augustus

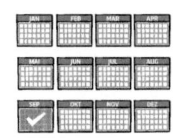

de Septembermaand

september

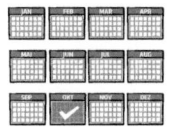

de Oktobermaand

oktober

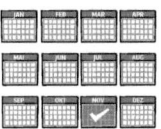

de Novembermaand

november

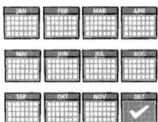

de Dezembermaand

december

# de Formen

## vormen

de Krink

cirkel

dat Quadrat

kwadraat

dat Rechteck

rechthoek

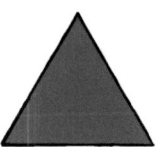

dat Dreeeck

driehoek

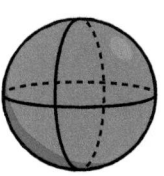

de Kugel

bol

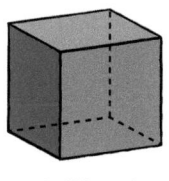

de Wörpel

kubus

witt

wit

geel

geel

orangsch

oranje

pink

roze

root

rood

lila

paars

blau

blauw

gröön

groen

bruun

bruin

gries

grijs

swart

zwart

veel / wenig

veel / weinig

böös / verdreeglich

boos / kalm

smuck / mies

mooi / lelijk

de Begünn / dat Enn

begin / einde

groot / lütt

groot / klein

hell / düüster

licht / donker

de Broder / de Süster

broer / zus

schier / schietig

proper / vuil

kumpleet / nich kumpleet

volledig / onvolledig

de Dag / de Nacht

dag / nacht

doot / lebennig

dood / levend

breet / small

breed / smal

geneetbor / nich geneetbor

eetbaar / oneetbaar

böös / fründlich

kwaadaardig / vriendelijk

fickerig / langwielt

opgewonden / verveeld

dick / dünn

dik / dun

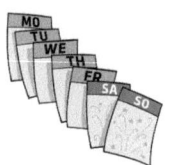

toeerst / toletzt

eerst / laatst

de Fründ / de Fiend

vriend / vijand

vull / leddig

vol / leeg

hart / week

hard / zacht

swoor / licht

zwaar / licht

de Smacht / de Döst

honger / dorst

krank / gesund

ziek / gezond

nich na't Recht / na't Recht

illegaal / legaal

klook / dummerhaftig

intelligent / dom

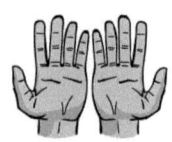

linkerhand / rechterhand

links / rechts

neeg / feern

dichtbij / veraf

nieg / bruukt

nieuw / gebruikt

nix / wat

niets / iets

oolt / jung

oud / jong

an / ut

aan / uit

apen / slaten

open / dicht

lies / luut

stil / luid

riek / arm

rijk / arm

richtig / verkehrt

juist / fout

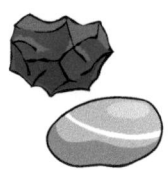

ruug / glatt

ruw / glad

trurig / glücklich

droevig / blij

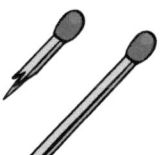

kort / lang

kort / lang

suutje / flink

traag / snel

natt / dröög

nat / droog

warm / köhl

warm / koud

de Krieg / de Freden

oorlog / vrede

| **0** | **1** | **2** |
|:---:|:---:|:---:|
| null | een | twee |
| nul | één | twee |

| **3** | **4** | **5** |
|:---:|:---:|:---:|
| dree | veer | fief |
| drie | vier | vijf |

| **6** | **7** | **8** |
|:---:|:---:|:---:|
| söss | söven | acht |
| zes | zeven | acht |

| **9** | **10** | **11** |
|:---:|:---:|:---:|
| negen | teihn | ölven |
| negen | tien | elf |

**12**

twölf
·················
twaalf

**13**

dörteihn
·················
dertien

**14**

veerteihn
·················
veertien

**15**

föffteihn
·················
vijftien

**16**

sössteihn
·················
zestien

**17**

söventeihn
·················
zeventien

**18**

achtteihn
·················
achtien

**19**

negenteihn
·················
negentien

**20**

twintig
·················
twintig

**100**

hunnert
·················
honderd

**1.000**

dusend
·················
duizend

**1.000.000**

million
·················
miljoen

dat Engelsch

Engels

dat Amerikaansch Engelsch

Amerikaans Engels

dat Chineesch Mandarin

Chinees (Mandarijn)

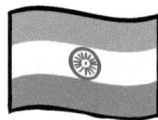

dat Hindi

Hindi

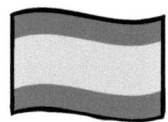

dat Spaansch

Spaans

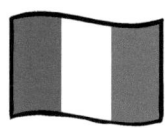

dat Franzöösch

Frans

dat Araabsch

Arabisch

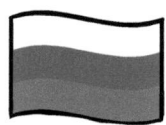

dat Rusch

Russisch

dat Portugiesch

Portugees

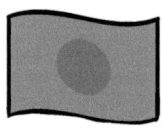

dat Bengaalsch

Bengali

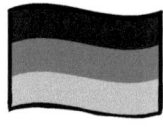

dat Düütsch

Duits

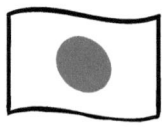

dat Japaansch

Japans

ik
ik

du
u

he / se / dat
hij / zij / het

wi
wij

ji
u

se
ze

keen?
wie?

wat?
wat?

woans?
hoe?

woneem?
waar?

wannehr?
wanneer?

de Naam
naam

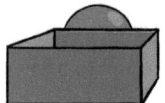

achter
................
achter

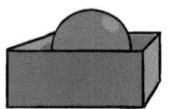

in
................
in

vör
................
voor

över
................
boven

op
................
op

ünner
................
onder

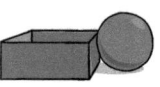

blangen
................
naast

twüschen
................
tussen

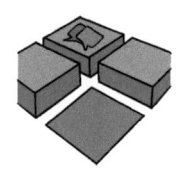

de Oort
................
plaats